VORWORT

Die Sammlung "Alles wird gut!" von T&P Books ist für Menschen, die für Tourismus und Geschäftsreisen ins Ausland reisen. Die Sprachführer beinhalten, was am wichtigsten ist - die Grundlagen für eine grundlegende Kommunikation. Dies ist eine unverzichtbare Reihe von Sätzen um zu "überleben", während Sie im Ausland sind.

Dieser Sprachführer wird Ihnen in den meisten Fällen helfen, in denen Sie etwas fragen müssen, Richtungsangaben benötigen, wissen wollen wie viel etwas kostet usw. Es kann auch schwierige Kommunikationssituationen lösen, bei denen Gesten einfach nicht hilfreich sind.

Dieses Buch beinhaltet viele Sätze, die nach den wichtigsten Themen gruppiert wurden. Die Ausgabe enthält auch einen kleinen Wortschatz, der etwa 3.000 der am häufigsten verwendeten Wörter enthält. Ein weiterer Abschnitt des Sprachführers bietet ein gastronomisches Wörterbuch, das Ihnen helfen könnte, Essen in einem Restaurant zu bestellen oder Lebensmittel in einem Lebensmittelladen zu kaufen.

Nehmen Sie den "Alles wird gut" Sprachführer mit Ihnen auf die Reise und Sie werden einen unersetzlichen Begleiter haben, der Ihnen helfen wird, Ihren Weg aus jeder Situation zu finden und Ihnen beibringen wird keine Angst beim Sprechen mit Ausländern zu haben.

INHALTSVERZEICHNIS

T&P Books Publishing

Reisesprachführersammlung
"Alles wird gut!"

T&P Books Publishing

SPRACHFÜHRER
DÄNISCH

Andrey Taranov

Die nützlichsten Wörter und Sätze

Dieser Sprachführer beinhaltet die häufigsten Sätze und Fragen, die für die grundlegende Kommunikation mit Ausländern benötigt wird

T&P BOOKS

Sprachführer + Wörterbuch mit 3000 Wörtern

Sprachführer Deutsch-Dänisch und thematischer Wortschatz mit 3000 Wörtern

Von Andrey Taranov

Die Sammlung "Alles wird gut!" von T&P Books ist für Menschen, die für Tourismus und Geschäftsreisen ins Ausland reisen. Die Sprachführer beinhalten, was am wichtigsten ist - die Grundlagen für eine grundlegende Kommunikation. Dies ist eine unverzichtbare Reihe von Sätzen um zu "überleben", während Sie im Ausland sind.

Dieses Buch beinhaltet auch ein kleines Vokabular mit etwa 3000, am häufigsten verwendeten Wörtern. Ein weiterer Abschnitt des Sprachführers bietet ein gastronomisches Wörterbuch, das Ihnen helfen kann, Essen in einem Restaurant zu bestellen oder Lebensmittel im Lebensmittelladen zu kaufen.

T&P Books Publishing
www.tpbooks.com

ISBN: 978-1-78616-817-7

Dieses Buch ist auch im E-Book Format erhältlich.
Besuchen Sie uns auch auf www.tpbooks.com oder auf einer der bedeutenden Buchhandlungen online.

AUSSPRACHE

Buchstabe	Dänisch Beispiel	T&P phonetisches Alphabet	Deutsch Beispiel
Aa	Afrika, kompas	[æ], [ɑ], [ɑː]	Smaragd
Bb	barberblad	[b]	Brille
Cc	cafe, creme	[k]	Kalender
Cc [1]	koncert	[s]	sein
Dd	direktør	[d]	Detektiv
Dd [2]	facade	[ð]	Motherboard
Ee	belgier	[e], [ə]	hängen
Ee [3]	elevator	[ɛ]	essen
Ff	familie	[f]	fünf
Gg	mango	[g]	gelb
Hh	høne, knurhår	[h]	brauchbar
Ii	kolibri	[i], [iː]	Wieviel
Jj	legetøj	[j]	Jacke
Kk	leksikon	[k]	Kalender
Ll	leopard	[l]	Juli
Mm	marmor	[m]	Mitte
Nn	natur, navn	[n]	nicht
ng	omfang	[ŋ]	Känguru
nk	punktum	[ŋ]	Känguru
Oo	fortov	[o], [ɔ]	wohnen, oft
Pp	planteolie	[p]	Polizei
Qq	sequoia	[k]	Kalender
Rr	seriøs	[ʁ]	uvulare Vibrant [R]
Ss	selskab	[s]	sein
Tt	strøm, trappe	[t]	still
Uu	blæksprutte	[uː]	Zufall
Vv	børnehave	[ʊ]	Invalide
Ww	whisky	[w]	schwanger
Xx	Luxembourg	[ks]	Expedition
Yy	lykke	[y], [ø]	über, zwölf
Zz	Venezuela	[s]	sein
Ææ	ærter	[ɛ], [ɛː]	essen
Øø	grønsager	[ø], [œ]	Öl, zwölf
Åå	åbent, afgå	[ɔ], [oː]	Tag, Moral

Anmerkungen

[1] vor **e, i**
[2] nach betontem Vokal
[3] am Wortanfang

LISTE DER ABKÜRZUNGEN

Deutsch. Abkürzungen

Adj	-	Adjektiv
Adv	-	Adverb
Amtsspr.	-	Amtssprache
f	-	Femininum
f, n	-	Femininum, Neutrum
Fem.	-	Femininum
m	-	Maskulinum
m, f	-	Maskulinum, Femininum
m, n	-	Maskulinum, Neutrum
Mask.	-	Maskulinum
n	-	Neutrum
pl	-	Plural
Sg.	-	Singular
ugs.	-	umgangssprachlich
unzähl.	-	unzählbar
usw.	-	und so weiter
v mod	-	Modalverb
vi	-	intransitives Verb
vi, vt	-	intransitives, transitives Verb
vt	-	transitives Verb
zähl.	-	zählbar
z.B.	-	zum Beispiel

Dänisch. Abkürzungen

f	-	gemeinsames Geschlecht
f pl	-	gemeinsames Geschlecht, Plural
i	-	Neutrum
i pl	-	Neutrum plural
i, f	-	Neutrum, gemeinsames Geschlecht
ngn.	-	jemand
pl	-	Plural

T&P BOOKS

DÄNISCHER
SPRACHFÜHRER

Dieser Teil beinhaltet wichtige Sätze, die sich in verschiedenen realen Situationen als nützlich erweisen können.
Der Sprachführer wird Ihnen dabei helfen nach dem Weg zu fragen, einen Preis zu klären, Tickets zu kaufen und Essen in einem Restaurant zu bestellen.

T&P Books Publishing

INHALT SPRACHFÜHRER

T&P Books Publishing

Das absolute Minimum

Entschuldigen Sie bitte, …	**Undskyld, …** ['ɔnˌskyl', …]
Hallo.	**Hej.** ['hɑj]
Danke.	**Tak.** [tɑk]
Auf Wiedersehen.	**Farvel.** [fɑ'vɛl]
Ja.	**Ja.** ['jæ]
Nein.	**Nej.** [nɑj']
Ich weiß nicht.	**Jeg ved det ikke.** [jɑj ve de 'ekə]
Wo? | Wohin? | Wann?	**Hvor? | Hvorhen? | Hvornår?** ['vɒ'? | 'vɒ'ˌhɛn? | vɒ'nɒ'?]

Ich brauche …	**Jeg har brug for …** [jɑ hɑ' 'bʁu' fə …]
Ich möchte …	**Jeg vil …** [jɑj ve …]
Haben Sie …?	**Har du …?** ['hɑ' du …?]
Gibt es hier …?	**Er der en … her?** [æɐ̯ 'dɛ'ɐ̯ en … hɛ'ɐ̯?]
Kann ich …?	**Må jeg …?** [mɔ' jɑ …?]
Bitte (anfragen)	**… venligst** [… 'vɛnlist]

Ich suche …	**Jeg leder efter …** [jɑ 'le:ðə 'ɛftʌ …]
die Toilette	**toilet** [toɑ'lɛt]
den Geldautomat	**udbetalingsautomat** [uð'be'tæ'leŋs ɑwto'mæ't]
die Apotheke	**apotek** [ɑpo'te'k]
das Krankenhaus	**hospital** [hɔspi'tæ'l]
die Polizeistation	**politistation** [poli'ti sta'ɕo'n]
die U-Bahn	**metro** ['me:tʁo]

das Taxi	**taxi** ['tɑksi]
den Bahnhof	**togstation** ['tɔw staˈɕoˀn]

Ich heiße …	**Mit navn er …** [mit 'nawˀn 'æɐ̯ …]
Wie heißen Sie?	**Hvad er dit navn?** ['vað 'æɐ̯ dit nawˀn?]
Helfen Sie mir bitte.	**Kan du hjælpe mig?** ['kan du 'jɛlpə mɑj?]
Ich habe ein Problem.	**Jeg har fået et problem.** [ja haˀ foˀ et pʁoˈbleˀm]
Mir ist schlecht.	**Jeg føler mig dårlig.** [ja 'føːlɐ mɑj 'dɔːli]
Rufen Sie einen Krankenwagen!	**Ring efter en ambulance!** ['ʁɛŋə 'ɛftʌ en ambu'lɑŋsə]
Darf ich telefonieren?	**Må jeg foretage et opkald?** [mɔˀ ja 'foːɒˌtæˀ et 'ʌpkalˀ?]

Entschuldigung.	**Det er jeg ked af.** [de 'æɐ̯ ja 'keðˀ æˀ]
Keine Ursache.	**Selv tak.** [sɛlˀ tak]

ich	**Jeg, mig** [jɑj, mɑj]
du	**du** [du]
er	**han** [han]
sie	**hun** [hun]
sie (Pl, Mask.)	**de** [di]
sie (Pl, Fem.)	**de** [di]
wir	**vi** [vi]
ihr	**I, De** [I, di]
Sie	**De** [di]

EINGANG	**INDGANG** ['enˌgɑŋˀ]
AUSGANG	**UDGANG** ['uðˌgɑŋˀ]
AUßER BETRIEB	**UDE AF DRIFT** ['uːðə æˀ 'dʁɛft]
GESCHLOSSEN	**LUKKET** ['lɔkəð]

OFFEN

ÅBEN
['ɔːbən]

FÜR DAMEN

TIL KVINDER
[te 'kvenʌ]

FÜR HERREN

TIL MÆND
[te 'mɛnˀ]

Fragen

Wo?	**Hvor?** ['vɒˀ?]
Wohin?	**Hvorhen?** ['vɒˀˌhɛn?]
Woher?	**Hvorfra?** ['vɒˀˌfʁɑˀ?]
Warum?	**Hvorfor?** ['vɔfʌ?]
Wozu?	**Af hvilken grund?** [æˀ 'velkən 'gʁɔnˀ?]
Wann?	**Hvornår?** [vɒ'nɒˀ?]
Wie lange?	**Hvor længe?** [vɒˀ 'lɛŋə?]
Um wie viel Uhr?	**På hvilket tidspunkt?** [pɔ 'velkəð 'tiðspɔŋˀt?]
Wie viel?	**Hvor meget?** [vɒˀ 'mɑɑð?]
Haben Sie ...?	**Har du ...?** ['hɑˀ du ...?]
Wo befindet sich ...?	**Hvor er ...?** [vɒˀ 'æɐ̯ ...?]
Wie spät ist es?	**Hvad er klokken?** ['vað 'æɐ̯ 'klʌkən?]
Darf ich telefonieren?	**Må jeg foretage et opkald?** [mɔˀ jɑ 'fɔːɒˌtæˀ et 'ʌpkalˀ?]
Wer ist da?	**Hvem der?** [vɛm 'dɛˀɐ̯?]
Darf ich hier rauchen?	**Må jeg ryge her?** [mɔˀ jɑ 'ʁyːə 'hɛˀɐ̯?]
Darf ich ...?	**Må jeg ...?** [mɔˀ jɑ ...?]

Bedürfnisse

Ich hätte gerne …

Jeg vil gerne …
[jɑj ve 'gæɐ̯nə …]

Ich will nicht …

Jeg ønsker ikke …
[jɑ 'ønskɐ 'ekə …]

Ich habe Durst.

Jeg er tørstig.
['jɑj 'æɐ̯ 'tœɐ̯sti]

Ich möchte schlafen.

Jeg ønsker at sove.
[jɑ 'ønskɐ ʌ 'sɒwə]

Ich möchte …

Jeg vil …
[jɑj ve …]

abwaschen

at vaske
[ʌ 'vaskə]

mir die Zähne putzen

at børste mine tænder
[ʌ 'bœɐ̯stə 'miːnə 'tɛnʌ]

eine Weile ausruhen

at hvile en stund
[ʌ 'viːlə en 'stonʔ]

meine Kleidung wechseln

at klæde mig om
[ʌ 'klɛʔ 'mɑj ʌm]

zurück ins Hotel gehen

at gå tilbage til hotellet
[ʌ 'gɔʔ te'bæːjə te ho'tɛlʔəð]

kaufen …

at købe …
[ʌ 'køːbə …]

gehen …

at gå til …
[ʌ 'gɔ te …]

besuchen …

at besøge …
[ʌ be'søʔjə …]

treffen …

at mødes med …
[ʌ 'møːðəs mɛ …]

einen Anruf tätigen

at foretage et opkald
[ʌ 'fɒːɒ̯ˌtæʔ et 'ʌpkalʔ]

Ich bin müde.

Jeg er træt.
['jɑj 'æɐ̯ 'tʁat]

Wir sind müde.

Vi er trætte.
['vi 'æɐ̯ 'tʁatə]

Mir ist kalt.

Jeg fryser.
[jɑ 'fʁyːsʌ]

Mir ist heiß.

Jeg har det varmt.
[jɑ hɑʔ de 'vɑʔmt]

Mir passt es.

Jeg er OK.
['jɑj 'æɐ̯ ɔw'kɛj]

Ich muss telefonieren.

Jeg har brug for at foretage et opkald.
[ja haˀ ˈbʁuˀ fə ʌ ˈfɔːɒˌtæˀ et ˈʌpkalˀ]

Ich muss auf die Toilette.

Jeg har brug for at gå på toilettet.
[ja haˀ ˈbʁuˀ fə ʌ gɔˀ pɔ toaˈlɛət]

Ich muss gehen.

Jeg er nødt til at gå.
[ˈjaj ˈæɐ̯ nøˀt te ʌ gɔˀ]

Ich muss jetzt gehen.

Jeg er nødt til at gå nu.
[ˈjaj ˈæɐ̯ nøˀt te ʌ gɔˀ nu]

Wie man nach dem Weg fragt

Entschuldigen Sie bitte, …

Undskyld, …
['ɔnˌskylʼ, …]

Wo befindet sich …?

Hvor er …?
[vɒʼ ˈæɐ̯ …?]

Welcher Weg ist …?

Hvilken vej er …?
['velkən 'vɑjʼ 'æɐ̯ …?]

Könnten Sie mir bitte helfen?

Er du sød at hjælpe mig?
[æɐ̯ du 'søðʼ ʌ 'jɛlpə mɑjʼ?]

Ich suche …

Jeg leder efter …
[jɑ ˈleːðə 'ɛftʌ …]

Ich suche den Ausgang.

Jeg leder efter udgangen.
[jɑ ˈleːðə 'ɛftʌ 'uðˌɡɑŋən]

Ich fahre nach …

Jeg har tænkt mig at …
[jɑ hɑʼ 'tɛŋkt mɑj ʌ …]

Gehe ich richtig nach …?

Går jeg den rigtige vej til …?
[ɡɒʼ jɑ dən 'ʁɛɡtiə vɑjʼ te …?]

Ist es weit?

Er det langt væk?
[æɐ̯ de 'lɑŋʼt vɛk?]

Kann ich dort zu Fuß hingehen?

Kan jeg komme derhen til fods?
['kanʼ jɑ 'kʌmə 'dɛʼɐ̯'hɛn te 'foʼðs?]

Können Sie es mir auf der Karte zeigen?

Kan du vise mig på kortet?
['kan du 'viːsə mɑj pɔ 'kɒːtəð?]

Zeigen Sie mir wo wir gerade sind.

Vis mig, hvor vi er lige nu.
['viʼs mɑj, vɒʼ vi 'æɐ̯ 'liːə nu]

Hier

Her
['hɛʼɐ̯]

Dort

Der
[dɛʼɐ̯]

Hierher

Denne vej
['dɛnə vɑjʼ]

Biegen Sie rechts ab.

Drej til højre.
[dʁɑjʼ te 'hʌjʁʌ]

Biegen Sie links ab.

Drej til venstre.
[dʁɑjʼ te 'vɛnstʁʌ]

erste (zweite, dritte) Abzweigung

første (anden, tredje) vej
['fœɐ̯stə ('anən, 'tʁɛðjə) vɑjʼ]

nach rechts

til højre
[te 'hʌjʁʌ]

nach links

til venstre
[te ˈvɛnstʁʌ]

Laufen Sie geradeaus.

Gå ligeud.
[ˈgɔˀ ˈliːəˈuðˀ]

Schilder

HERZLICH WILLKOMMEN!	**VELKOMMEN!** ['vɛl‚kʌmˀən]
EINGANG	**INDGANG** ['en‚gɑŋˀ]
AUSGANG	**UDGANG** ['uð‚gɑŋˀ]

DRÜCKEN	**SKUB** [skɔb]
ZIEHEN	**TRÆK** ['tʁak]
OFFEN	**ÅBEN** ['ɔ:bən]
GESCHLOSSEN	**LUKKET** ['lɔkəð]

FÜR DAMEN	**TIL KVINDER** [te 'kvenʌ]
FÜR HERREN	**TIL MÆND** [te 'mɛnˀ]
HERREN-WC	**MÆND** [mɛnˀ]
DAMEN-WC	**KVINDER** ['kvenʌ]

RABATT | REDUZIERT	**UDSALG** ['uð‚salˀ]
AUSVERKAUF	**RESTSALG** ['ʁast ‚salˀ]
GRATIS	**GRATIS** ['gʁɑ:tis]
NEU!	**NYT!** [nyt]
ACHTUNG!	**OBS!** [ʌbs]

KEINE ZIMMER FREI	**ALT OPTAGET** ['alˀt 'ʌp‚tæˀəð]
RESERVIERT	**RESERVERET** [ʁɛsæɐ̯'veˀʌð]
VERWALTUNG	**ADMINISTRATION** [aðministʁɑ'ɕoˀn]
NUR FÜR PERSONAL	**KUN PERSONALE** [kɔn pæɐ̯so'næ:lə]

BISSIGER HUND

PAS PÅ HUNDEN!
[pas pɔ 'hunən]

RAUCHEN VERBOTEN!

RYGNING FORBUDT!
['ʁyːnen fʌ'byˀd]

NICHT ANFASSEN!

RØR IKKE!
['ʁɶˀɐ̯ 'ekə]

GEFÄHRLICH

FARLIGT
['faːlit]

GEFAHR

FARE
['faːɑ]

HOCHSPANNUNG

STÆRKSTRØM
['stæɐ̯k 'stʁɶmˀ]

BADEN VERBOTEN

SVØMNING FORBUDT!
['svɶmnen fʌ'byˀt]

AUßER BETRIEB

UDE AF DRIFT
['uːðə æˀ 'dʁɛft]

LEICHTENTZÜNDLICH

BRANDFARLIG
['bʁɑnˌfaːli]

VERBOTEN

FORBUDT
[fʌ'byˀt]

DURCHGANG VERBOTEN

ADGANG FORBUDT!
['aðˌɡɑŋˀ fʌ'byˀð]

FRISCH GESTRICHEN

VÅD MALING
['vɔˀð 'mæːleŋ]

WEGEN RENOVIERUNG GESCHLOSSEN

LUKKET PGA. RENOVERING
['lɔkəð pɔˀ 'ɡʁɑnˀ a ʁɛno've'ɡeŋ]

ACHTUNG BAUARBEITEN

ARBEJDE FORUDE
['ɑːˌbɑjˀdə 'foːˌuːðə]

UMLEITUNG

OMKØRSEL
[ɒm'køɐ̯səl]

Transport - Allgemeine Phrasen

Flugzeug	**fly** [fly?]
Zug	**tog** ['tɔ?w]
Bus	**bus** [bus]
Fähre	**færge** ['fæɐ̯wə]
Taxi	**taxi** ['tɑksi]
Auto	**bil** [bi?l]

Zeitplan	**køreplan** ['køːʌˌplæ?n]
Wo kann ich den Zeitplan sehen?	**Hvor kan jeg se køreplanen?** [vɒ? kan ja se? 'køːʌˌplæ?nən?]
Arbeitstage	**hverdage** ['væɐ̯ˌdæ?ə]
Wochenenden	**weekender** ['wiːˌkɛndʌ]
Ferien	**helligdage** ['hɛliˌdæ?ə]

ABFLUG	**AFGANG** ['aw̯ˌgɑŋ?]
ANKUNFT	**ANKOMST** ['anˌkʌm?st]
VERSPÄTET	**FORSINKET** [fə'seŋ?kəð]
GESTRICHEN	**AFLYST** ['aw̯ˌly?st]

nächste (Zug, usw.)	**næste** ['nɛstə]
erste	**første** ['fœɐ̯stə]
letzte	**sidste** ['sistə]

Wann kommt der Nächste ...?	**Hvornår er den næste ...?** [vɒ'nɒ? 'æɐ̯ dən 'nɛstə ...?]
Wann kommt der Erste ...?	**Hvornår er den første ...?** [vɒ'nɒ? 'æɐ̯ dən 'fœɐ̯stə ...?]

Wann kommt der Letzte …?

Hvornår er den sidste …?
[vɒˈnɒˀ ˈæɡ̊ dən ˈsistə …?]

Transfer

skift
[ˈskift]

einen Transfer machen

at skifte
[ʌ ˈskiftə]

Muss ich einen Transfer machen?

Behøver jeg at skifte?
[beˈhøˀvə ˈjɑj ʌ ˈskiftə?]

Eine Fahrkarte kaufen

Wo kann ich Fahrkarten kaufen?	**Hvor kan jeg købe billetter?** [vɒˀ kan jɑ ˈkøːbə biˈlɛtʌ?]
Fahrkarte	**billet** [biˈlɛt]
Eine Fahrkarte kaufen	**at købe en billet** [ʌ ˈkøːbə en biˈlɛt]
Fahrkartenpreis	**billetpris** [biˈlɛtˌpʁiˀs]

Wohin?	**Hvorhen?** [ˈvɒˀˌhɛn?]
Welche Station?	**Til hvilken station?** [te ˈvelkən staˈɕoˀn?]
Ich brauche …	**Jeg har brug for …** [jɑ hɑˀ ˈbʁuˀ fə …]
eine Fahrkarte	**én billet** [en biˈlɛt]
zwei Fahrkarten	**to billetter** [toˀ biˈlɛtʌ]
drei Fahrkarten	**tre billetter** [ˈtʁɛˀ biˈlɛtʌ]

in eine Richtung	**enkelt** [ˈɛŋˀkəlt]
hin und zurück	**retur** [ʁɛˈtuɐ̯ˀ]
erste Klasse	**første klasse** [ˈfœɐ̯stə ˈklasə]
zweite Klasse	**anden klasse** [ˈanən ˈklasə]

heute	**i dag** [i ˈdæˀ]
morgen	**i morgen** [i ˈmɒːɒn]
übermorgen	**i overmorgen** [i ˈɒwʌˌmɒːɒn]
am Vormittag	**om morgenen** [ʌm ˈmɒːɒnən]
am Nachmittag	**om eftermiddagen** [ʌm ˈɛftʌmeˌdæˀən]
am Abend	**om aftenen** [ʌm ˈaftənən]

Gangplatz

gangplads
['gɑŋplas]

Fensterplatz

vinduesplads
['vendus 'plas]

Wie viel?

Hvor meget?
[vɒ' 'mɑɑð?]

Kann ich mit Karte zahlen?

Kan jeg betale med kreditkort?
['kan' jɑ be'tæ'lə mɛ kʁɛ'dit kɒːt?]

Bus

Bus	**bus** [bus]
Fernbus	**rutebil** ['ʁuːtə‚biʔl]
Bushaltestelle	**busstoppested** ['bus‚stɔpəstɛð]
Wo ist die nächste Bushaltestelle?	**Hvor er det nærmeste busstoppested?** [vɒʔ 'æɐ̯ de 'næɐ̯məstə 'bus‚stɔpəstɛð?]
Nummer	**nummer** ['nɔmʔʌ]
Welchen Bus nehme ich um nach … zu kommen?	**Hvilken bus skal jeg tage for at komme til …?** ['velkən bus skalʔ ja 'tæʔə fə ʌ 'kʌmə te …?]
Fährt dieser Bus nach …?	**Kører denne bus til …?** ['køːɐ̯ 'dɛnə bus te …?]
Wie oft fahren die Busse?	**Hvor hyppigt kører busserne?** [vɒʔ 'hypit 'køːɐ̯ 'busɐnə?]
alle fünfzehn Minuten	**hvert kvarter** ['vɛʔɐ̯t kvɑ'teʔɐ̯]
jede halbe Stunde	**hver halve time** ['vɛɐ̯ halʔvə 'tiːmə]
jede Stunde	**hver time** ['vɛɐ̯ 'tiːmə]
mehrmals täglich	**flere gange om dagen** ['fleːʌ 'ɡɑŋə ʌm 'dæʔən]
… Mal am Tag	**… gange om dagen** [… 'ɡɑŋə ʌm 'dæʔən]
Zeitplan	**køreplan** ['køːʌ‚plæʔn]
Wo kann ich den Zeitplan sehen?	**Hvor kan jeg se køreplanen?** [vɒʔ kan ja seʔ 'køːʌ‚plæʔnən?]
Wann kommt der nächste Bus?	**Hvornår kører den næste bus?** [vɒ'nɒʔ 'køːɐ̯ dən 'nɛstə bus?]
Wann kommt der erste Bus?	**Hvornår kører den første bus?** [vɒ'nɒʔ 'køːɐ̯ dən 'fœɐ̯stə bus?]
Wann kommt der letzte Bus?	**Hvornår kører den sidste bus?** [vɒ'nɒʔ 'køːɐ̯ dən 'sistə bus?]

Halt	**stop** ['stʌp]
Nächster Halt	**næste stop** ['nɛstə 'stʌp]
Letzter Halt	**sidste stop** ['sistə 'stʌp]
Halten Sie hier bitte an.	**Stop her, tak.** ['stʌp 'hɛˀɐ̯, tɑk]
Entschuldigen Sie mich, dies ist meine Haltestelle.	**Undskyld, det er mit stop.** ['ɔnˌskylˀ, de 'æɐ̯ mit 'stʌp]

Zug

Zug	**tog** ['tɔˀw]
S-Bahn	**regionaltog** [ʁɛgjoˈnæˀl tɔˀw]
Fernzug	**intercitytog** [entʌˈsiti tɔˀw]
Bahnhof	**togstation** ['tɔw staˈɕoˀn]
Entschuldigen Sie bitte, wo ist der Ausgang zum Bahngleis?	**Undskyld, hvor er udgangen til perronen?** ['ɔnˌskylˀ, vɒˀ 'æɐ̯ 'uðˌgaŋən te paˈʁʌŋən?]
Fährt dieser Zug nach …?	**Kører dette tog til …?** ['køːɐ̯ 'dɛtə tɔˀw te …?]
nächste Zug	**næste tog** ['nɛstə 'tɔˀw]
Wann kommt der nächste Zug?	**Hvornår afgår det næste tog?** [vɒˈnɒˀ 'awˌgɔˀ de 'nɛstə tɔˀw?]
Wo kann ich den Zeitplan sehen?	**Hvor kan jeg se køreplanen?** [vɒˀ kan ja seˀ 'køːʌˌplæˀnən?]
Von welchem Bahngleis?	**Fra hvilken perron?** [ˌfʁaˀ 'velkən paˈʁʌŋ?]
Wann kommt der Zug in … an?	**Hvornår ankommer toget til …?** [vɒˈnɒˀ 'anˌkʌmʌ 'tɔˀwəð te …?]
Helfen Sie mir bitte.	**Vær sød at hjælpe mig.** ['vɛɐ̯ 'søðˀ ʌ 'jɛlpə maj]
Ich suche meinen Platz.	**Jeg leder efter min plads.** [ja 'leːðə 'ɛftʌ min plas]
Wir suchen unsere Plätze.	**Vi leder efter vores pladser.** ['vi 'leːðə 'ɛftʌ 'vɒɒs 'plasʌ]
Unser Platz ist besetzt.	**Min plads er taget.** [min 'plas 'æɐ̯ 'tæəð]
Unsere Plätze sind besetzt.	**Vore pladser er taget.** ['vɒːɒ 'plasʌ 'æɐ̯ 'tæəð]
Entschuldigen Sie, aber das ist mein Platz.	**Jeg beklager, men dette er min plads.** [ja beˈklæˀjə, mɛn 'dɛtə 'æɐ̯ min 'plas]
Ist der Platz frei?	**Er denne plads taget?** [æɐ̯ 'dɛnə plas 'tæəð?]
Darf ich mich hier setzen?	**Må jeg sidde her?** [mɔˀ ja 'seðə 'hɛˀɐ̯?]

Im Zug - Dialog (Keine Fahrkarte)

Fahrkarte bitte.

Billet, tak.
[bi'lɛt, tak]

Ich habe keine Fahrkarte.

Jeg har ikke nogen billet.
[ja haˀ 'ekə 'noən bi'lɛt]

Ich habe meine Fahrkarte verloren.

Jeg har mistet min billet.
[ja haˀ 'mestəð min bi'lɛt]

Ich habe meine Fahrkarte
zuhause vergessen.

Jeg har glemt min billet derhjemme.
[ja haˀ 'glɛmt min bi'lɛt da'jɛmə]

Sie können von mir
eine Fahrkarte kaufen.

Du kan købe en billet af mig.
[du kan 'kø:bə en bi'lɛt æˀ maj]

Sie werden auch eine Strafe zahlen.

**Du bliver også nødt
til at betale en bøde.**
[du 'bliɐˀ 'ʌsə nøˀt
te ʌ be'tæˀlə en 'bø:ðə]

Gut.

OK.
[ɔw'kɛj]

Wohin fahren Sie?

Hvor skal du hen?
[vɒˀ skalˀ du hɛn?]

Ich fahre nach …

Jeg har tænkt mig at …
[ja haˀ 'tɛŋkt maj ʌ …]

Wie viel? Ich verstehe nicht.

Hvor meget? Jeg forstår det ikke.
[vɒˀ 'maað? ja fə'stɒ̈ de 'ekə]

Schreiben Sie es bitte auf.

Skriv det ned, tak.
['skʁiw' de neð', tak]

Gut. Kann ich mit Karte zahlen?

OK. Kan jeg betale med kreditkort?
[ɔw'kɛj. kan ja be'tæˀlə mɛ kʁɛ'dit kɒ:t?]

Ja, das können Sie.

Ja, det kan du godt.
['jæ, de kan du 'gʌt]

Hier ist ihre Quittung.

Her er din kvittering.
['hɛˀɐ 'æɐ̯ din kvi'teˀɐ̯eŋ]

Tut mir leid wegen der Strafe.

Undskyld bøden.
['ɔn‚skylˀ 'bø:ðən]

Das ist in Ordnung. Es ist meine Schuld.

Det er OK. Det var min skyld.
[de 'æɐ̯ ɔw'kɛj. de va min skylˀ]

Genießen Sie Ihre Fahrt.

Nyd turen.
[nyð 'tuɐ̯n]

Taxi

Taxi	**taxi** ['tɑksi]
Taxifahrer	**taxichauffør** ['tɑksi ɕo'føˀɐ̯]
Ein Taxi nehmen	**at få fat i en taxi** [ʌ foˀ fat i en 'tɑksi]
Taxistand	**taxiholdeplads** ['tɑksi 'hʌlə,plas]
Wo kann ich ein Taxi bekommen?	**Hvor kan jeg finde en taxi?** [vɒˀ kan jɑj 'fenə en 'tɑksi?]
Ein Taxi rufen	**at ringe efter en taxi** [ʌ 'ʁɛŋə 'ɛftʌ en 'tɑksi]
Ich brauche ein Taxi.	**Jeg har brug for en taxi.** [ja haˀ 'bʁuˀ fə en 'tɑksi]
Jetzt sofort.	**Lige nu.** ['liːə 'nu]
Wie ist Ihre Adresse? (Standort)	**Hvad er din adresse?** ['vað 'æɐ̯ din a'dʁasə?]
Meine Adresse ist …	**Min adresse er …** [min a'dʁasə 'æɐ̯ …]
Ihr Ziel?	**Hvor skal du hen?** [vɒˀ skalˀ du hɛn?]
Entschuldigen Sie bitte, …	**Undskyld, …** ['ɔnˌskylˀ, …]
Sind Sie frei?	**Er du ledig?** [æɐ̯ du 'leːði?]
Was kostet die Fahrt nach …?	**Hvor meget koster det at komme til …?** [vɒˀ 'mɑɑð 'kʌstɐ de ʌ 'kʌmə te …?]
Wissen Sie wo es ist?	**Ved du, hvor det er?** [ve du, vɒˀ de 'æɐ̯?]
Flughafen, bitte.	**Lufthavnen, tak.** ['lɔftˌhawˀnən, tak]
Halten Sie hier bitte an.	**Stop her, tak.** ['stʌp 'hɛˀɐ̯, tak]
Das ist nicht hier.	**Det er ikke her.** [de 'æɐ̯ 'ekə 'hɛˀɐ̯]
Das ist die falsche Adresse.	**Det er den forkerte adresse.** [de 'æɐ̯ dən fə'keɐ̯ˀtə a'dʁasə]

nach links   **Drej til venstre.**
[dʁɑjˀ te ˈvɛnstʁʌ]

nach rechts   **Drej til højre.**
[dʁɑjˀ te ˈhʌjʁʌ]

Was schulde ich Ihnen?   **Hvor meget skylder jeg dig?**
[vɒˀ ˈmɑɑð ˈskylə jɑ dɑjˀ]

Ich würde gerne
ein Quittung haben, bitte.   **Jeg vil gerne have en kvittering, tak.**
[jɑj ve ˈgæɐ̯nə hæˀ en kviˈteˀɐ̯eŋ, tɑk]

Stimmt so.   **Behold resten.**
[beˈhʌlˀ ˈʁastən]

Warten Sie auf mich bitte   **Vil du venligst vente på mig?**
[ˈve du ˈvɛnlist ˈvɛntə pɔ mɑjˀ]

fünf Minuten   **fem minutter**
[fɛmˀ meˈnutʌ]

zehn Minuten   **ti minutter**
[ˈtiˀ meˈnutʌ]

fünfzehn Minuten   **femten minutter**
[ˈfɛmtən meˈnutʌ]

zwanzig Minuten   **tyve minutter**
[ˈtyːvə meˈnutʌ]

eine halbe Stunde   **en halv time**
[en ˈhalˀ ˈtiːmə]

Hotel

Guten Tag.	**Hej.** ['hɑj]
Mein Name ist …	**Mit navn er …** [mit 'nɑwˀn 'æɐ̯ …]
Ich habe eine Reservierung.	**Jeg har en reservation.** [jɑ hɑˀ en ʁɛsæɐ̯vaˈɕoˀn]
Ich brauche …	**Jeg har brug for …** [jɑ hɑˀ 'bʁuˀ fə …]
ein Einzelzimmer	**et enkeltværelse** [et 'ɛŋˀkəltˌvæɐ̯ʌlsə]
ein Doppelzimmer	**et dobbeltværelse** [et 'dʌbəlt 'væɐ̯ʌlsə]
Wie viel kostet das?	**Hvor meget bliver det?** [vɒˀ 'mɑɑð 'bliɐ̯ˀ de?]
Das ist ein bisschen teuer.	**Det er lidt dyrt.** [de 'æɐ̯ lit 'dyɐ̯ˀt]
Haben Sie sonst noch etwas?	**Har du nogen andre muligheder?** ['hɑˀ du 'noən 'ɑndʁʌ 'mu:liˌheðˀʌ?]
Ich nehme es.	**Det tager jeg.** [de 'tæˀɐ̯ jɑj]
Ich zahle bar.	**Jeg betaler kontant.** [jɑ beˈtæˀlʌ kɔnˈtanˀt]
Ich habe ein Problem.	**Jeg har fået et problem.** [jɑ hɑˀ fɔˀ et pʁoˈbleˀm]
Mein … ist kaputt.	**Mit … er gået i stykker.** [mit … 'æɐ̯ 'gɔːəð 'støkʌ]
Mein … ist außer Betrieb.	**Mit … virker ikke.** [mit … 'viɐ̯kʌ 'ekə]
Fernseher	**TV** ['teˀˌveˀ]
Klimaanlage	**klimaanlæg** ['kli:maˈanˌlɛˀg]
Wasserhahn	**hane** ['hæ:nə]
Dusche	**bruser** ['bʁu:sʌ]
Waschbecken	**vask** ['vask]
Safe	**pengeskab** ['pɛŋəˌskæˀb]

Türschloss	**dørlås** ['dœɐ̯lɔˀs]
Steckdose	**stikkontakt** ['stek kɔn'tɑkt]
Föhn	**hårtørrer** ['hɒːˌtœɐ̯ʌ]

Ich habe kein …	**Jeg har ikke nogen …** [jɑ haˀ 'ekə 'noən …]
Wasser	**vand** ['vanˀ]
Licht	**lys** ['lyˀs]
Strom	**elektricitet** [elɛktʁisi'teˀt]

Können Sie mir … geben?	**Kan du give mig …?** ['kan du giˀ mɑj …?]
ein Handtuch	**et håndklæde** [ed 'hʌnˌklɛːðə]
eine Decke	**et tæppe** [ed 'tɛpə]
Hausschuhe	**hjemmesko** ['jɛməˌskoˀ]
einen Bademantel	**en kåbe** [en 'kɔːbə]
etwas Shampoo	**shampoo** ['ɕæːmˌpuː]
etwas Seife	**sæbe** ['sɛːbə]

Ich möchte ein anderes Zimmer haben.	**Jeg vil gerne skifte værelse.** [jɑj ve 'gæɐ̯nə 'skiftə 'væɐ̯ʌlsə]
Ich kann meinen Schlüssel nicht finden.	**Jeg kan ikke finde min nøgle.** [jɑ kan 'ekə 'fenə min 'nʌjlə]
Machen Sie bitte meine Tür auf	**Kunne du låse op til mit værelse?** ['kunə du 'lɔːsə ʌp te mit 'væɐ̯ʌlsə?]
Wer ist da?	**Hvem der?** [vɛm 'dɛˀɐ̯?]
Kommen Sie rein!	**Kom ind!** [kʌmˀ enˀ]
Einen Moment bitte!	**Et øjeblik!** [ed 'ʌjə'blek]
Nicht jetzt bitte.	**Ikke lige nu, tak.** ['ekə 'liːə nu, tɑk]

Kommen Sie bitte in mein Zimmer.	**Kom til mit værelse, tak.** [kʌmˀ te mit 'væɐ̯ʌlsə, tɑk]
Ich würde gerne Essen bestellen.	**Jeg vil gerne bestille roomservice.** [jɑj ve 'gæɐ̯nə be'stelˀə 'ʁuːmˌsœːvis]
Meine Zimmernummer ist …	**Mit værelsesnummer er …** [mit 'væɐ̯ʌlsə'nɔmˀʌ 'æɐ̯ …]

Ich reise … ab.	**Jeg forlader …** [ja fə'læ'ðə …]
Wir reisen … ab.	**Vi forlader …** ['vi fə'læ'ðə …]
jetzt	**lige nu** ['li:ə 'nu]
diesen Nachmittag	**i eftermiddag** [I 'ɛftʌme,dæ']
heute Abend	**i aften** [i 'aftən]
morgen	**i morgen** [i 'mɒːɒn]
morgen früh	**i morgen tidlig** [i 'mɒːɒn 'tiðli]
morgen Abend	**i morgen aften** [i 'mɒːɒn 'aftən]
übermorgen	**i overmorgen** [i 'ɒwʌ,mɒːɒn]

Ich möchte die Zimmerrechnung begleichen.	**Jeg vil gerne betale.** [jaj ve 'gæɐ̯nə be'tæ'lə]
Alles war wunderbar.	**Alt var vidunderligt.** ['al't va viðʼɔnʼʌlit]
Wo kann ich ein Taxi bekommen?	**Hvor kan jeg finde en taxi?** [vɒ' kan jaj 'fenə en 'taksi?]
Würden Sie bitte ein Taxi für mich holen?	**Vil du ringe efter en taxi for mig, tak?** ['ve du 'ʁɛŋə 'ɛftʌ en 'taksi fə maj, tak?]

Restaurant

Könnte ich die Speisekarte sehen bitte?
Kan jeg se menuen?
['kan' ja se' me'nyən?]

Tisch für einen.
Bord til én.
['bo'ɐ̯ te 'en]

Wir sind zu zweit (dritt, viert).
Vi er to (tre, fire).
[vi 'æɐ̯ to' ('tʁɛ', 'fi'ʌ)]

Raucher
Rygning
['ʁy:neŋ]

Nichtraucher
Rygning forbudt
['ʁy:neŋ fʌ'by'd]

Entschuldigen Sie mich!
(Einen Kellner ansprechen)
Undskyld!
['ɔnˌskyl']

Speisekarte
menu
[me'ny]

Weinkarte
vinkort
['vi:nˌkɒ:t]

Die Speisekarte bitte.
Menuen, tak.
[me'nyən, tɑk]

Sind Sie bereit zum bestellen?
Er du klar til at bestille?
[æɐ̯ du klɑ' te ʌ be'stel'ə?]

Was würden Sie gerne haben?
Hvad vil du have?
['vað ve du hæ'?]

Ich möchte ...
Jeg vil gerne have ...
[jɑj ve 'gæɐ̯nə hæ' ...]

Ich bin Vegetarier.
Jeg er vegetar.
['jɑj 'æɐ̯ vegə'tɑ']

Fleisch
kød
['køð]

Fisch
fisk
['fesk]

Gemüse
grøntsager
['gʁɶntˌsæ'jʌ]

Haben Sie vegetarisches Essen?
Har du vegetarretter?
['hɑ' du vegə'tɑ''ʁatə?]

Ich esse kein Schweinefleisch.
Jeg spiser ikke svinekød.
[jɑ 'spi:sɐ̯ 'ekə 'svi:nə'køð]

Er /Sie/ isst kein Fleisch.
Han /hun/ spiser ikke kød.
[han /hun/ 'spi:sɐ̯ 'ekə 'køð]

Ich bin allergisch auf ...
Jeg er allergisk over for ...
['jɑj 'æɐ̯ a'læɐ̯'gisk 'ɒw'ʌ fə ...]

Könnten Sie mir bitte … Bringen.

Er du sød at give mig …
[æɐ̯ du 'søð' ʌ 'gi' maj …]

Salz | Pfeffer | Zucker

salt | peber | sukker
['sal't | 'pewʌ | 'sɔkʌ]

Kaffee | Tee | Nachtisch

kaffe | te | dessert
['kafə | te' | de'sɛɐ̯'t]

Wasser | Sprudel | stilles

vand | med brus | uden brus
['van' | mɛ 'bʁu's | 'uðən 'bʁu's]

einen Löffel | eine Gabel | ein Messer

en ske | gaffel | kniv
[en ske' | 'gafəl | 'kniw']

einen Teller | eine Serviette

en tallerken | serviet
[en ta'læɐ̯kən | sæɐ̯vi'ɛt]

Guten Appetit!

Nyd dit måltid!
[nyð dit 'mʌl̩ˌtið']

Noch einen bitte.

En til, tak.
[en te, tak]

Es war sehr lecker.

Det var meget lækkert.
[de va 'maað 'lɛkʌt]

Scheck | Wechselgeld | Trinkgeld

regningen | byttepenge | drikkepenge
['ʁajneŋən | 'bytəˌpɛŋə | 'dʁɛkəˌpɛŋə]

Zahlen bitte.

Regningen, tak.
['ʁajneŋən, tak]

Kann ich mit Karte zahlen?

Kan jeg betale med kreditkort?
['kan' ja be'tæ'lə mɛ kʁɛ'dit kɒ:t?]

Entschuldigen Sie, hier ist ein Fehler.

Undskyld, men der er en fejl her.
['ɔnˌskyl', mɛn 'dɛ'ɐ̯ 'æɐ̯ en 'faj'l 'hɛ'ɐ̯]

Einkaufen

Kann ich Ihnen behilflich sein?
Kan jeg hjælpe?
['kan' ja 'jɛlpə?]

Haben Sie ...?
Har du ...?
['hɑ' du ...?]

Ich suche ...
Jeg leder efter ...
[ja 'le:ðə 'ɛftʌ ...]

Ich brauche ...
Jeg har brug for ...
[ja hɑ' 'bʁu' fə ...]

Ich möchte nur schauen.
Jeg kigger bare.
[ja 'kigʌ 'bɑːɑ]

Wir möchten nur schauen.
Vi kiggede bare.
['vi 'kigəðə 'bɑːɑ]

Ich komme später noch einmal zurück.
Jeg kommer tilbage senere.
[ja 'kʌmʌ te'bæːjə 'seʔnʌʌ]

Wir kommen später vorbei.
Vi kommer tilbage senere.
['vi 'kʌmʌ te'bæːjə 'seʔnʌʌ]

Rabatt | Ausverkauf
rabatter | udsalg
[ʁɑ'batʌ | 'uðˌsalʔ]

Zeigen Sie mir bitte ...
Vil du være sød at vise mig ...
['ve du 'vɛɐ̯' søðʔ ʌ 'viːsə maj ...]

Geben Sie mir bitte ...
Vil du give mig ...
['ve du gi' maj ...]

Kann ich es anprobieren?
Kan jeg prøve det på?
['kan' ja 'pʁœːwə de pɔ'?]

Entschuldigen Sie bitte,
wo ist die Anprobe?
Undskyld, hvor er prøverummet?
['ɔnˌskylʔ, vɒ' 'æɐ̯ 'pʁœːwə 'ʁɔməð?]

Welche Farbe mögen Sie?
Hvilken farve vil du have?
['velkən 'fɑːvə ve du hæ'?]

Größe | Länge
størrelse | længde
['stœɐ̯ʌlsə | 'lɛŋ'də]

Wie sitzt es?
Hvordan passer det?
[vɒ'dan 'pasʌ de?]

Was kostet das?
Hvor meget bliver det?
[vɒ' 'maɑð 'bliɐ̯' de?]

Das ist zu teuer.
Det er for dyrt.
[de 'æɐ̯ fə 'dyɐ̯'t]

Ich nehme es.
Det tager jeg.
[de 'tæ'ɐ̯ jaj]

Entschuldigen Sie bitte,
wo ist die Kasse?
Undskyld, hvor kan jeg betale?
['ɔnˌskylʔ, vɒ' kan' ja be'tæ'lə?]

Zahlen Sie Bar oder mit Karte?

Vil du betale kontant eller med kreditkort?
['ve du be'tæ'lə kɔn'tan't
mɛ kʁɛ'dit kɒ:t?]

in Bar | mit Karte

Kontant | med kreditkort
[kɔn'tan't | mɛ kʁɛ'dit kɒ:t]

Brauchen Sie die Quittung?

Vil du have kvitteringen?
['ve du hæ' kvi'te'ɡeŋən?]

Ja, bitte.

Ja, tak.
['jæ, tɑk]

Nein, es ist ok.

Nej, det er OK.
[nɑj', de 'æɡ ɔw'kɛj]

Danke. Einen schönen Tag noch!

Tak. Hav en dejlig dag!
[tɑk. 'hɑ' en 'dɑjli 'dæ']

In der Stadt

Entschuldigen Sie bitte, …

Undskyld mig.
[ˈɔnˌskylˀ ˈmɑj]

Ich suche …

Jeg leder efter …
[jɑ ˈleːðə ˈɛftʌ …]

die U-Bahn

metroen
[ˈmeːtʁoən]

mein Hotel

mit hotel
[mit hoˈtɛlˀ]

das Kino

biografen
[bioˈgʁɑˀfən]

den Taxistand

en taxiholdeplads
[en ˈtɑksi ˈhʌləˌplas]

einen Geldautomat

en udbetalingsautomat
[en uðˀbeˈtæˀleŋs ɑwtoˈmæˀt]

eine Wechselstube

et vekselkontor
[et ˈvɛksəl kɔnˈtoˀ]

ein Internetcafé

en internetcafé
[en ˈentʌˌnɛt kaˈfeˀ]

die … -Straße

… gade
[… ˈgæːðə]

diesen Ort

dette sted
[ˈdɛtə ˈstɛð]

Wissen Sie, wo … ist?

Ved du, hvor … er?
[ve du, vɒˀ … ˈæɐ̯ˀ]

Wie heißt diese Straße?

Hvilken gade er dette?
[ˈvelkən ˈgæːðə ˈæɐ̯ ˈdɛtə?]

Zeigen Sie mir wo wir gerade sind.

Vis mig, hvor vi er lige nu.
[ˈviˀs mɑj, vɒˀ vi ˈæɐ̯ ˈliːə nu]

Kann ich dort zu Fuß hingehen?

Kan jeg komme derhen til fods?
[ˈkanˀ jɑ ˈkʌmə ˈdɛˀɐ̯ˀhɛn te ˈfoˀðs?]

Haben Sie einen Stadtplan?

Har du et kort over byen?
[ˈhɑˀ du et ˈkɒːt ˈɒwˀʌ ˈbyən?]

Was kostet eine Eintrittskarte?

**Hvor meget koster en billet
for at komme ind?**
[vɒˀ ˈmaɑð ˈkʌstɐ en biˈlɛt
fə ʌ ˈkʌmə ˈenˀ?]

Darf man hier fotografieren?

Må jeg tage billeder her?
[mɔˀ jɑ tæˀ ˈbeləðʌ ˈhɛˀɐ̯?]

Haben Sie offen?

Har du åbent?
[ˈhɑˀ du ˈɔːbənt?]

Wann öffnen Sie?

Hvornår åbner du?
[vɒˈnɒˀ ˈɔːbnʌ du?]

Wann schließen Sie?

Hvornår lukker du?
[vɒˈnɒˀ ˈlɔkɐ du?]

Geld

Geld	**penge** ['pɛŋə]
Bargeld	**kontanter** [kɔn'tan'tʌ]
Papiergeld	**sedler** ['sɛð'lʌ]
Kleingeld	**småmønter** [ˌsmʌ'møn'tʌ]
Scheck | Wechselgeld | Trinkgeld	**regningen | byttepenge | drikkepenge** ['ʁɑjneŋen | 'bytə‚pɛŋə | 'dʁɛkə‚pɛŋə]
Kreditkarte	**kreditkort** [kʁɛ'dit kɔːt]
Geldbeutel	**tegnebog** ['tɑjnəbɔ'w]
kaufen	**at købe** [ʌ 'kø:bə]
zahlen	**at betale** [ʌ be'tæ'lə]
Strafe	**bøde** ['bø:ðə]
kostenlos	**gratis** ['gʁɑ:tis]
Wo kann ich … kaufen?	**Hvor kan jeg købe …?** [vɒ' kan jɑ 'kø:bə …?]
Ist die Bank jetzt offen?	**Har banken åbent nu?** ['hɑ' 'baŋkən 'ɔ:bənt nu?]
Wann öffnet sie?	**Hvornår åbner den?** [vɒ'nɒ' 'ɔ:bnʌ dɛn'?]
Wann schließt sie?	**Hvornår lukker den?** [vɒ'nɒ' 'lɔkɐ dɛn'?]
Wie viel?	**Hvor meget?** [vɒ' 'maɑð?]
Was kostet das?	**Hvor meget bliver det?** [vɒ' 'maɑð 'bliɐ' de?]
Das ist zu teuer.	**Det er for dyrt.** [de 'æɐ fə 'dyɐ't]
Entschuldigen Sie bitte, wo ist die Kasse?	**Undskyld, hvor kan jeg betale?** ['ɔn‚skyl', vɒ' kan' jɑ be'tæ'lə?]
Ich möchte zahlen.	**Regningen, tak.** ['ʁɑjneŋən, tɑk]

Kann ich mit Karte zahlen?

Kan jeg betale med kreditkort?
['kanˀ jɑ be'tæˀlə mɛ kʁɛ'dit kɔːt?]

Gibt es hier einen Geldautomat?

**Er der en
udbetalingsautomat her?**
[æɐ̯ 'dɛˀɐ̯ en
uð ˀbe'tæ ˀleŋs ɑwto'mæ ˀt 'hɛˀɐ̯?]

Ich brauche einen Geldautomat.

**Jeg leder efter
en udbetalingsautomat.**
[jɑ 'leːðə 'ɛftʌ
en uð ˀbe'tæ ˀleŋs ɑwto'mæ ˀt]

Ich suche eine Wechselstube.

Jeg leder efter et vekselkontor.
[jɑ 'leːðə 'ɛftʌ et 'vɛksəl kɔn'to ˀɐ̯]

Ich möchte ... wechseln.

Jeg vil gerne veksle ...
[jɑj ve 'gæɐ̯nə 'vɛkslə ...]

Was ist der Wechselkurs?

Hvad er vekselkursen?
['vað 'æɐ̯ 'vɛksəl 'kuɐ̯ ˀsən]

Brauchen Sie meinen Reisepass?

Har du brug for mit pas?
['hɑ ˀ du 'bʁu ˀ fə mit 'pas?]

Zeit

Wie spät ist es?	**Hvad er klokken?** ['vað 'æɡ̊ 'klʌkən?]
Wann?	**Hvornår?** [vɒ'nɒˀ?]
Um wie viel Uhr?	**På hvilket tidspunkt?** [pɔ 'velkəð 'tiðspɒŋˀt?]
jetzt | später | nach …	**nu | senere | efter …** ['nu | 'seˀnʌʌ | 'ɛftʌ …]
ein Uhr	**klokken et** ['klʌkən et]
Viertel zwei	**kvart over et** ['kvɑːt 'ɒwˀʌ et]
Ein Uhr dreißig	**halv to** ['halˀ 'toˀ]
Viertel vor zwei	**kvart i to** ['kvɑːt i 'toˀ]
eins | zwei | drei	**et | to | tre** [ed | toˀ | tʁɛˀ]
vier | fünf | sechs	**fire | fem | seks** ['fiˀʌ | fɛmˀ | 'sɛks]
sieben | acht | neun	**syv | otte | ni** ['sywˀ | 'ɔːtə | niˀ]
zehn | elf | zwölf	**ti | elleve | tolv** ['tiˀ | 'ɛlvə | tʌlˀ]
in …	**om …** [ʌm …]
fünf Minuten	**fem minutter** [fɛmˀ me'nutʌ]
zehn Minuten	**ti minutter** ['tiˀ me'nutʌ]
fünfzehn Minuten	**femten minutter** ['fɛmtən me'nutʌ]
zwanzig Minuten	**tyve minutter** ['tyːvə me'nutʌ]
einer halben Stunde	**en halv time** [en 'halˀ 'tiːmə]
einer Stunde	**en time** [en 'tiːmə]

am Vormittag	**om morgenen** [ʌm ˈmɒːɒnən]
früh am Morgen	**tidligt om morgenen** [ˈtiðlit ʌm ˈmɒːɒnən]
diesen Morgen	**her til morgen** [ˈhɛˀɐ̯ te ˈmɒːɒn]
morgen früh	**i morgen tidlig** [i ˈmɒːɒn ˈtiðli]

am Mittag	**midt på dagen** [ˈmet pɔ ˈdæˀən]
am Nachmittag	**om eftermiddagen** [ʌm ˈɛftʌmeˌdæˀən]
am Abend	**om aftenen** [ʌm ˈɑftənən]
heute Abend	**i aften** [i ˈɑftən]

in der Nacht	**om natten** [ʌm ˈnɛtn]
gestern	**i går** [i ˈgɒˀ]
heute	**i dag** [i ˈdæˀ]
morgen	**i morgen** [i ˈmɒːɒn]
übermorgen	**i overmorgen** [i ˈɒwʌˌmɒːɒn]

Welcher Tag ist heute?	**Hvilken dag er det i dag?** [ˈvelkən ˈdæˀ ˈæɐ̯ de i ˈdæˀ?]
Es ist …	**Det er …** [de ˈæɐ̯ …]
Montag	**Mandag** [ˈmanˀda]
Dienstag	**tirsdag** [ˈtiɐ̯ˀsda]
Mittwoch	**onsdag** [ˈɒnˀsda]

Donnerstag	**torsdag** [ˈtɒˀsda]
Freitag	**Fredag** [ˈfʁɛˀda]
Samstag	**Lørdag** [ˈlœɐ̯da]
Sonntag	**søndag** [ˈsœnˀda]

Begrüßungen und Vorstellungen

Hallo.

Hej.
['hɑj]

Freut mich, Sie kennen zu lernen.

Glad for at møde dig.
['glað fə ʌ 'møːðə 'dɑj]

Ganz meinerseits.

Det samme her.
[de 'samə 'hɛʔɐ̯]

Darf ich vorstellen? Das ist …

Jeg vil gerne have at du møder …
[jɑj ve 'gæɐ̯nə hæʔ ʌ du 'møːðə …]

Sehr angenehm.

Rart at møde dig.
['ʁɑʔt ʌ 'møːðə dɑj]

Wie geht es Ihnen?

Hvordan har du det?
[vɒ'dan hɑʔ du de?]

Ich heiße …

Mit navn er …
[mit 'nawʔn 'æɐ̯ …]

Er heißt …

Hans navn er …
[hans 'nawʔn 'æɐ̯ …]

Sie heißt …

Hendes navn er …
['henəs 'nawʔn 'æɐ̯ …]

Wie heißen Sie?

Hvad hedder du?
['vað 'heðʌ du?]

Wie heißt er?

Hvad hedder han?
['vað 'heðʌ han?]

Wie heißt sie?

Hvad hedder hun?
['vað 'heðʌ hun?]

Wie ist Ihr Nachname?

Hvad er dit efternavn?
['vað 'æɐ̯ did 'ɛftʌ̩nawʔn?]

Sie können mich … nennen.

Du kan ringe til mig …
[du kan 'ʁɛŋə te maj …]

Woher kommen Sie?

Hvor er du fra?
[vɒʔ 'æɐ̯ du fʁɑʔ]

Ich komme aus …

Jeg er fra …
['jaj 'æɐ̯ fʁɑʔ …]

Was machen Sie beruflich?

Hvad arbejder du med?
['vað 'ɑːˌbɑjʔdʌ du mɛ?]

Wer ist das?

Hvem er det?
[vɛm 'æɐ̯ de?]

Wer ist er?

Hvem er han?
[vɛm 'æɐ̯ han?]

Wer ist sie?

Hvem er hun?
[vɛm 'æɐ̯ hun?]

Wer sind sie?

Hvem er de?
[vɛm 'æɐ̯ di?]

Das ist …	**Dette er …**
	['dɛtə 'æɐ̯ …]
mein Freund	**min ven**
	[min 'vɛn]
meine Freundin	**min veninde**
	[min vɛn'enə]
mein Mann	**min mand**
	[min 'man']
meine Frau	**min kone**
	[min 'koːnə]

mein Vater	**min far**
	[min 'fɑː]
meine Mutter	**min mor**
	[min 'moɐ̯]
mein Bruder	**min bror**
	[min 'bʁoɐ̯]
meine Schwester	**min søster**
	[min 'søstʌ]
mein Sohn	**min søn**
	[min 'sœn]
meine Tochter	**min datter**
	[min 'datʌ]

Das ist unser Sohn.	**Dette er vores søn.**
	['dɛtə 'æɐ̯ 'vɒɒs 'sœn]
Das ist unsere Tochter.	**Dette er vores datter.**
	['dɛtə 'æɐ̯ 'vɒɒs 'datʌ]
Das sind meine Kinder.	**Dette er mine børn.**
	['dɛtə 'æɐ̯ 'miːnə 'bœɐ̯'n]
Das sind unsere Kinder.	**Dette er vores børn.**
	['dɛtə 'æɐ̯ 'vɒɒs 'bœɐ̯'n]

Verabschiedungen

Auf Wiedersehen!

Farvel!
[fɑˈvɛl]

Tschüss!

Hej hej!
[ˈhɑj ˈhɑj]

Bis morgen.

Ses i morgen.
[ˈseˀs i ˈmɒːɒn]

Bis bald.

Vi ses snart.
[ˈvi ˈseˀs ˈsnɑˀt]

Bis um sieben.

Vi ses klokken syv.
[ˈvi ˈseˀs ˈklʌkən ˈsywˀ]

Viel Spaß!

Have det sjovt!
[ˈhɑˀ de ˈɕɒwd]

Wir sprechen später.

Vi snakkes ved senere.
[ˈvi ˈsnɑkəs ve ˈseˀnʌʌ]

Ich wünsche Ihnen
ein schönes Wochenende.

Ha' en dejlig weekend.
[ha en ˈdɑjli ˈwiːkɛnd]

Gute Nacht.

Godnat.
[goˈnad]

Es ist Zeit, dass ich gehe.

Det er på tide at jeg smutter.
[de ˈæɐ̯ pɒ ˈtiːðə ʌ jɑ ˈsmutə]

Ich muss gehen.

Jeg bliver nødt til at gå.
[jɑ ˈbliɐ̯ˀ nøˀt te ʌ ˈgɔˀ]

Ich bin gleich wieder da.

Jeg kommer straks tilbage.
[jɑ ˈkʌmʌ ˈstʁɑks teˈbæːjə]

Es ist schon spät.

Det er sent.
[de ˈæɐ̯ ˈseˀnt]

Ich muss früh aufstehen.

Jeg er nødt til at stå tidligt op.
[ˈjɑj ˈæɐ̯ nøˀt te ʌ ˈstɒˀ ˈtiðlit ˈʌp]

Ich reise morgen ab.

Jeg rejser i morgen.
[jɑ ˈʁɑjsə i ˈmɒːɒn]

Wir reisen morgen ab.

Vi rejser i morgen.
[ˈvi ˈʁɑjsə i ˈmɒːɒn]

Ich wünsche Ihnen eine gute Reise!

Hav en dejlig tur!
[ˈhɑˀ en ˈdɑjli ˈtuɐ̯ˀ]

Hat mich gefreut, Sie kennen zu lernen.

Det var rart at møde dig.
[de vɑ ˈʁɑˀt ʌ ˈmøːðə ˈdɑj]

Hat mich gefreut mit Ihnen zu sprechen.

Det var rart at tale med dig.
[de vɑ ˈʁɑˀt ʌ ˈtæːlə mɛ ˈdɑj]

Danke für alles.

Tak for alt.
[tɑk fə ˈalˀt]

Ich hatte eine sehr gute Zeit.	**Jeg nød tiden sammen.** [ja nø:ð 'tiðən 'sam'ən]
Wir hatten eine sehr gute Zeit.	**Vi nød virkeligt tiden sammen.** ['vi nø:ð 'vi̜kəlit 'tiðən 'sam'ən]
Es war wirklich toll.	**Det var virkeligt godt.** [de va 'vi̜kəlit 'gʌt]
Ich werde Sie vermissen.	**Jeg kommer til at savne dig.** [ja 'kʌmʌ te ʌ 'sawnə 'daj]
Wir werden Sie vermissen.	**Vi kommer til at savne dig.** ['vi 'kʌmʌ te ʌ 'sawnə 'daj]

| Viel Glück! | **Held og lykke!**
['hɛl' ʌ 'løkə] |
| Grüßen Sie … | **Sig hej til …**
['saj 'haj te …] |

Fremdsprache

Ich verstehe nicht.	**Jeg forstår det ikke.** [ja fə'stɐ de 'ekə]
Schreiben Sie es bitte auf.	**Skriv det ned, tak.** ['skʁiwˀ de neðˀ, tak]
Sprechen Sie ...?	**Taler du ...?** ['tæːlʌ du ...?]
Ich spreche ein bisschen ...	**Jeg taler en lille smule ...** [ja 'tæːlʌ en 'lilə 'smuːlə ...]
Englisch	**engelsk** ['ɛŋˀəlsk]
Türkisch	**tyrkisk** ['tyɐ̯kisk]
Arabisch	**arabisk** [a'ʁaˀbisk]
Französisch	**fransk** ['fʁɑnˀsk]
Deutsch	**tysk** ['tysk]
Italienisch	**italiensk** [ital'jɛˀnsk]
Spanisch	**spansk** ['spanˀsk]
Portugiesisch	**portugisisk** [pɒtu'giˀsisk]
Chinesisch	**kinesisk** [ki'neˀsisk]
Japanisch	**japansk** [ja'pæˀnsk]
Können Sie das bitte wiederholen.	**Kan du gentage det, tak.** ['kan du 'gɛnˌtæˀ de, tak]
Ich verstehe.	**Jeg forstår.** [ja fə'stɐ]
Ich verstehe nicht.	**Jeg forstår det ikke.** [ja fə'stɐ de 'ekə]
Sprechen Sie etwas langsamer.	**Tal langsommere.** ['tal 'laŋˌsʌmˀʌ]
Ist das richtig?	**Er det rigtigt?** [æɐ̯ de 'ʁɛgtit?]
Was ist das? (Was bedeutet das?)	**Hvad er dette?** ['vað 'æɐ̯ 'dɛtə?]

49

Entschuldigungen

Entschuldigen Sie bitte.

Undskyld mig.
['ɔnˌskylˀ maj]

Es tut mir leid.

Det er jeg ked af.
[de 'æɐ̯ ja 'keðˀ æˀ]

Es tut mir sehr leid.

Jeg er virkelig ked af det.
['jaj 'æɐ̯ 'viɐ̯kəli 'keðˀ æˀ de]

Es tut mir leid, das ist meine Schuld.

Beklager, det er min skyld.
[be'klæˀjə, de 'æɐ̯ min 'skylˀ]

Das ist mein Fehler.

Min fejl.
[min 'fajˀl]

Darf ich ...?

Må jeg ...?
[mɔˀ ja ...?]

Haben Sie etwas dagegen, wenn ich ...?

Har du noget imod, hvis jeg ...?
['haˀ du 'noːəð i'moðˀ, 'ves jaj ...?]

Es ist okay.

Det er OK.
[de 'æɐ̯ ɔw'kɛj]

Alles in Ordnung.

Det er OK.
[de 'æɐ̯ ɔw'kɛj]

Machen Sie sich keine Sorgen.

Tag dig ikke af det.
['tæˀ 'daj 'ekə æˀ de]

Einigung

Ja.	**Ja.** [ˈjæ]
Ja, natürlich.	**Ja, helt sikkert.** [ˈjæ, ˈheˀlt ˈsekʌt]
Ok! (Gut!)	**Godt!** [ˈgʌt]
Sehr gut.	**Meget godt.** [ˈmɑɑð ˈgʌt]
Natürlich!	**Bestemt!** [beˈstɛmˀt]
Genau.	**Jeg er enig.** [ˈjɑj ˈæɐ̯ ˈeːni]
Das stimmt.	**Det er korrekt.** [de ˈæɐ̯ koˈʁakt]
Das ist richtig.	**Det er rigtigt.** [de ˈæɐ̯ ˈʁɛgtit]
Sie haben Recht.	**Du har ret.** [du hɑˀ ˈʁat]
Ich habe nichts dagegen.	**Jeg har ikke noget imod det.** [jɑ hɑˀ ˈekə ˈnoːəð iˈmoðˀ de]
Völlig richtig.	**Helt korrekt.** [ˈheˀlt koˈʁakt]
Das kann sein.	**Det er muligt.** [de ˈæɐ̯ ˈmuːlit]
Das ist eine gute Idee.	**Det er en god idé.** [de ˈæɐ̯ en ˈgoðˀ iˈdeˀ]
Ich kann es nicht ablehnen.	**Jeg kan ikke sige nej.** [jɑ kan ˈekə ˈsiˀ ˈnɑjˀ]
Ich würde mich freuen.	**Jeg ville være glad for.** [ˈjɑj ˈvilə ˈvɛɐ̯ˀ ˈglɑð fə]
Gerne.	**Med glæde.** [mɛ ˈglɛːðə]

Ablehnung. Äußerung von Zweifel

Nein.

Nej.
[nɑjˀ]

Natürlich nicht.

Bestemt ikke.
[be'stɛmˀt 'ekə]

Ich stimme nicht zu.

Jeg er ikke enig.
['jɑj 'æɐ̯ 'ekə 'eːni]

Das glaube ich nicht.

Jeg tror det ikke.
[jɑ 'tʁoˀɐ̯ de 'ekə]

Das ist falsch.

Det er ikke sandt.
[de 'æɐ̯ 'ekə 'sant]

Sie liegen falsch.

Du tager fejl.
[du 'tæˀɐ̯ 'fɑjˀl]

Ich glaube, Sie haben Unrecht.

Jeg tror, du tager fejl.
[jɑ 'tʁoˀɐ̯, du 'tæˀɐ̯ 'fɑjˀl]

Ich bin nicht sicher.

Jeg er ikke sikker.
['jɑj 'æɐ̯ 'ekə 'sekʌ]

Das ist unmöglich.

Det er umuligt.
[de 'æɐ̯ u'muˀlit]

Nichts dergleichen!

Overhovedet ikke!
[ɒwʌˀhoːədəð 'ekə]

Im Gegenteil!

Det stik modsatte.
[de 'stek 'moðˌsatə]

Ich bin dagegen.

Jeg er imod det.
['jɑj 'æɐ̯ i'moðˀ de]

Es ist mir egal.

Jeg er ligeglad.
['jɑj 'æɐ̯ 'liːəˌglað]

Keine Ahnung.

Jeg aner det ikke.
['jɑj 'æːnə de 'ekə]

Ich bezweifle, dass es so ist.

Jeg tvivler på det.
[jɑ 'tviwlə pɔˀ de]

Es tut mir leid, ich kann nicht.

Undskyld, jeg kan ikke.
['ɔnˌskylˀ, jɑ kanˀ 'ekə]

Es tut mir leid, ich möchte nicht.

Undskyld, jeg ønsker ikke at.
['ɔnˌskylˀ, jɑ 'ønskɐ 'ekə ʌ]

Danke, das brauche ich nicht.

Tak, men jeg har ikke brug for dette.
[tɑk, mɛn jɑ 'hɑˀ 'ekə 'bʁuˀ fə 'dɛtə]

Es ist schon spät.

Det bliver sent.
[de 'bliɐ̯ˀ 'seˀnt]

Ich muss früh aufstehen.

Jeg er nødt til at stå tidligt op.
['jɑj 'æɐ̯ nø'ˀt te ʌ 'stɔˀ 'tiðlit ʌp]

Mir geht es schlecht.

Jeg føler mig dårlig.
[jɑ 'føːlɐ mɑj 'dɒːli]

Dankbarkeit ausdrücken

Danke.

Tak.
[tɑk]

Dankeschön.

Mange tak.
['maŋə 'tɑk]

Ich bin Ihnen sehr verbunden.

Jeg sætter virkeligt pris på det.
[ja sɛtʌ 'viɐ̯kəlit 'pʁi's pɔ' de]

Ich bin Ihnen sehr dankbar.

Jeg er dig virkeligt taknemmelig.
['jaj 'æɐ̯ da 'viɐ̯kəlit tak'nɛm'əli]

Wir sind Ihnen sehr dankbar.

Vi er dig virkeligt taknemmelige.
['vi 'æɐ̯ da 'viɐ̯kəlit tak'nɛm'əliə]

Danke, dass Sie Ihre Zeit
geopfert haben.

Tak for din tid.
[tɑk fə din 'tið']

Danke für alles.

Tak for alt.
[tɑk fə 'al'ᵗ]

Danke für ...

Tak for ...
[tɑk fə ...]

Ihre Hilfe

din hjælp
[din 'jɛl'p]

die schöne Zeit

en dejlig tid
[en 'dajli 'tið']

das wunderbare Essen

et vidunderligt måltid
[ed við'ɔn'ʌlit 'mʌl͵tið']

den angenehmen Abend

en hyggelig aften
[en 'hygəli 'aftən]

den wunderschönen Tag

en vidunderlig dag
[en við'ɔn'ʌli 'dæ']

die interessante Führung

en fantastisk rejse
[en fan'tastisk 'ʁajsə]

Keine Ursache.

Glem det.
['glɛm de]

Nichts zu danken.

Du er velkommen.
[du 'æɐ̯ 'vɛl͵kʌm'ən]

Immer gerne.

Når som helst.
['nɔ' sʌm 'hɛl'st]

Es freut mich, geholfen zu haben.

Intet problem.
['entəð pʁo'ble'm]

Vergessen Sie es.

Glem det.
['glɛm de]

Machen Sie sich keine Sorgen.

Tag dig ikke af det.
['tæ' 'daj 'ekə æ' de]

Glückwünsche. Beste Wünsche

Glückwunsch!

Til lykke!
[te 'løkə]

Alles gute zum Geburtstag!

Tillykke med fødselsdagen!
[tə'løkə mɛ 'føsəlsˌdæˀən]

Frohe Weihnachten!

Glædelig jul!
['glɛ:ðəli 'juˀl]

Frohes neues Jahr!

Godt Nytår!
['gʌt 'nytˌɒˀ]

Frohe Ostern!

God påske!
['goðˀ 'pɔ:skə]

Frohes Hanukkah!

Glædelig Hanukkah!
['glɛ:ðəli 'hanuka]

Ich möchte einen Toast ausbringen.

Jeg vil gerne udbringe en skål.
[jɑj ve 'gæɛ̯nə 'uðˌbʁɛŋˀə en 'skɔˀl]

Auf Ihr Wohl!

Skål!
['skɔˀl]

Trinken wir auf …!

Lad os skåle for …!
[lað ʌs 'skɔ:lə fə …!]

Auf unseren Erfolg!

Til vores succes!
[te 'vɒɒs syk'se]

Auf Ihren Erfolg!

Til din succes!
[te din syk'se]

Viel Glück!

Held og lykke!
['hɛlˀ ʌ 'løkə]

Einen schönen Tag noch!

Hav en dejlig dag!
['haˀ en 'dɑjli 'dæˀ]

Haben Sie einen guten Urlaub!

Hav en god ferie!
['haˀ en 'goðˀ 'feɛ̯ˀiə]

Haben Sie eine sichere Reise!

Har en sikker rejse!
['haˀ en 'sekʌ 'ʁɑjsə!]

Ich hoffe es geht Ihnen bald besser!

Jeg håber du får det bedre snart!
[jɑ 'hɔ:bʌ du fɒˀ de 'bɛðʁʌ 'snɑˀt]

Sozialisieren

Warum sind Sie traurig?	**Hvorfor er du ked af det?** ['vɔfʌ 'æɐ̯ du 'keð' æ' de?]
Lächeln Sie!	**Smil! Op med humøret!** ['smi'l! ʌb mɛ hu'mø'ɐ̯əð]
Sind Sie heute Abend frei?	**Er du fri i aften?** [æɐ̯ du 'fʁi' i 'aftən?]

Darf ich Ihnen was zum Trinken anbieten?	**Må jeg tilbyde dig en drink?** [mɔ' ja 'tel‿by'ðə 'daj en 'drɪŋk?]
Möchten Sie tanzen?	**Kunne du tænke dig at danse?** ['kunə du 'tɛŋkə daj ʌ 'dansə?]
Gehen wir ins Kino.	**Lad os gå i biografen.** [lað ʌs 'gɔ' i bio'gʁɑ'fən]

Darf ich Sie ins … einladen?	**Må jeg invitere dig til …?** [mɔ' ja envi'te'ʌ da te …?]
Restaurant	**en restaurant** [en ʁɛsto'ʁɑŋ]
Kino	**biografen** [bio'gʁɑ'fən]
Theater	**teatret** [te'æ'tɐ̯əð]
auf einen Spaziergang	**at gå en tur** [ʌ 'gɔ' en 'tuɐ̯']

Um wie viel Uhr?	**På hvilket tidspunkt?** [pɔ 'velkəð 'tiðspɔŋ't?]
heute Abend	**i aften** [i 'aftən]
um sechs Uhr	**klokken seks** ['klʌkən 'sɛks]
um sieben Uhr	**klokken syv** ['klʌkən 'syw']
um acht Uhr	**klokken otte** ['klʌkən 'ɔːtə]
um neun Uhr	**klokken ni** ['klʌkən 'ni']

Gefällt es Ihnen hier?	**Kan du lide det her?** ['kan du 'liːðə de 'hɛ'ɐ̯?]
Sind Sie hier mit jemandem?	**Er du her med nogen?** [æɐ̯ du 'hɛ'ɐ̯ mɛ 'noən?]
Ich bin mit meinem Freund /meiner Freundin/.	**Jeg er sammen med min ven.** ['jaj 'æɐ̯ 'sɑm'ən mɛ min 'vɛn]

Ich bin mit meinen Freunden.

Jeg er sammen med mine venner.
['jɑj 'æɐ̯ 'sɑm'ən mɛ'miːnə 'vɛnʌ]

Nein, ich bin alleine.

Nej, jeg er alene.
[nɑj', jɑ 'æɐ̯ a'leːnə]

Hast du einen Freund?

Har du en kæreste?
['hɑ' du en 'kæɐ̯ʌstə?]

Ich habe einen Freund.

Jeg har en kæreste.
[jɑ hɑ' en 'kæɐ̯ʌstə]

Hast du eine Freundin?

Har du en kæreste?
['hɑ' du en 'kæɐ̯ʌstə?]

Ich habe eine Freundin.

Jeg har en kæreste.
[jɑ hɑ' en 'kæɐ̯ʌstə]

Kann ich dich nochmals sehen?

Kan jeg se dig igen?
['kan' jɑ se' dɑj i'gɛn?]

Kann ich dich anrufen?

Kan jeg ringe til dig?
['kan' jɑ 'ʁɛŋə te dɑj?]

Ruf mich an.

Ring til mig.
['ʁɛŋə te mɑj]

Was ist deine Nummer?

Hvad er dit nummer?
['vað 'æɐ̯ dit 'nɔm'ʌ?]

Ich vermisse dich.

Jeg savner dig.
[jɑ 'sɑwnɐ̯ dɑj]

Sie haben einen schönen Namen.

Du har et smukt navn.
[du hɑ' et 'smɔkt 'nɑw'n]

Ich liebe dich.

Jeg elsker dig.
['jɑj 'ɛlskʌ dɑj]

Willst du mich heiraten?

Vil du gifte dig med mig?
['ve du 'giftə 'dɑj mɛ mɑj?]

Sie machen Scherze!

Du spøger!
[du 'spøːjə]

Ich habe nur gescherzt.

Jeg spøger.
[jɑ 'spøːjə]

Ist das Ihr Ernst?

Mener du det alvorligt?
['meːnʌ du de al'vɒ'lit?]

Das ist mein Ernst.

Jeg mener det alvorligt.
[jɑ 'meːnʌ de al'vɒ'lit]

Echt?!

Virkeligt?!
['viɐ̯kəlit?!]

Das ist unglaublich!

Det er utroligt!
[de 'æɐ̯ u'tʁo'lit]

Ich glaube Ihnen nicht.

Jeg tror dig ikke.
[jɑ 'tʁo'ɐ̯ 'dɑj 'ekə]

Ich kann nicht.

Jeg kan ikke.
[jɑ kan 'ekə]

Ich weiß nicht.

Jeg ved det ikke.
[jɑj ve de 'ekə]

Ich verstehe Sie nicht.

Jeg forstår dig ikke.
[jɑ fə'stɐ̯ dɑj 'ekə]

Bitte gehen Sie weg.

Gå din vej.
['gɔˀ din 'vɑjˀ]

Lassen Sie mich in Ruhe!

Lad mig være!
[lað mɑj 'vɛɐ̯ˀ]

Ich kann ihn nicht ausstehen.

Jeg kan ikke fordrage ham.
[jɑ kan 'ekə fəˈdʁɑˀwə hɑm]

Sie sind widerlich!

Du er modbydelig!
[du 'æɐ̯ moðˈbyðˀəli]

Ich rufe die Polizei an!

Jeg ringer til politiet!
[jɑ 'ʁɛŋʌ te poliˈtiˀəð]

Gemeinsame Eindrücke. Emotionen

Das gefällt mir.

Jeg kan lide det.
[ja kan 'li:ðə de]

Sehr nett.

Meget fint.
['maɑð 'fi'nt]

Das ist toll!

Det er godt!
[de 'æɐ̯ 'gʌt]

Das ist nicht schlecht.

Det er ikke dårligt.
[de 'æɐ̯ 'ekə 'dɒ:lit]

Das gefällt mir nicht.

Jeg kan ikke lide det.
[ja kan 'ekə 'li:ðə de]

Das ist nicht gut.

Det er ikke godt.
[de 'æɐ̯ 'ekə 'gʌt]

Das ist schlecht.

Det er dårligt.
[de 'æɐ̯ 'dɒ:lit]

Das ist sehr schlecht.

Det er meget dårligt.
[de 'æɐ̯ 'maɑð 'dɒ:lit]

Das ist widerlich.

Det er ulækkert.
[de 'æɐ̯ 'u‚lɛkʌt]

Ich bin glücklich.

Jeg er glad.
['jaj 'æɐ̯ 'glað]

Ich bin zufrieden.

Jeg er tilfreds.
['jaj 'æɐ̯ te'fʁɛs]

Ich bin verliebt.

Jeg er forelsket.
['jaj 'æɐ̯ fə'ɛl'skəð]

Ich bin ruhig.

Jeg er rolig.
['jaj 'æɐ̯ 'ʁo:li]

Ich bin gelangweilt.

Jeg keder mig.
[ja 'ke:ðʌ maj]

Ich bin müde.

Jeg er træt.
['jaj 'æɐ̯ 'tʁat]

Ich bin traurig.

Jeg er ked af det.
['jaj 'æɐ̯ 'keð' æ' de]

Ich habe Angst.

Jeg er bange.
['jaj 'æɐ̯ 'baŋə]

Ich bin wütend.

Jeg er vred.
['jaj 'æɐ̯ 'vʁɛð']

Ich mache mir Sorgen.

Jeg er bekymret.
['jaj 'æɐ̯ be'kəm'ʁʌð]

Ich bin nervös.

Jeg er nervøs.
['jaj 'æɐ̯ næɐ̯'vø's]

Ich bin eifersüchtig.

Jeg er misundelig.
['jɑj 'æɐ̯ mis'ɔn'əli]

Ich bin überrascht .

Jeg er overrasket.
['jɑj 'æɐ̯ 'ɒwʌˌʁɑskəð]

Es ist mir peinlich.

Jeg er forvirret.
['jɑj 'æɐ̯ fʌ'viɐ̯'ʌð]

Probleme. Unfälle

Ich habe ein Problem.	**Jeg har fået et problem.** [jɑ hɑʔ foʔ et pʁoˈbleʔm]
Wir haben Probleme.	**Vi har fået et problem.** [ˈvi hɑʔ ˈfoʔ et pʁoˈbleʔm]
Ich bin verloren.	**Jeg forstår ikke.** [jɑ fəˈstɒ ˈekə]
Ich habe den letzten Bus (Zug) verpasst.	**Jeg kom for sent til den sidste bus (tog).** [jɑ ˈkʌmʔ fə ˈseʔnt te dən ˈsistə bus (ˈtɔʔw)]
Ich habe kein Geld mehr.	**Jeg har ikke nogen penge tilbage.** [jɑ hɑʔ ˈekə ˈnoən ˈpɛŋə teˈbæːjə]
Ich habe mein ... verloren.	**Jeg har mistet min ...** [jɑ hɑʔ ˈmestəð min ...]
Jemand hat mein ... gestohlen.	**Nogen stjal mit ...** [ˈnoən ˈstjæʔl mit ...]
Reisepass	**pas** [ˈpas]
Geldbeutel	**tegnebog** [ˈtɑjnəboʔw]
Papiere	**papirer** [paˈpiːɐ̯ʔ]
Fahrkarte	**billet** [biˈlɛt]
Geld	**penge** [ˈpɛŋə]
Tasche	**håndtaske** [ˈhʌnˈtaskə]
Kamera	**kamera** [ˈkæʔmɐɑ]
Laptop	**laptop** [ˈlapˌtʌp]
Tabletcomputer	**tablet computer** [ˈtablɛt kʌmˈpjuːtʌ]
Handy	**mobiltelefon** [moˈbil teləˈfoʔn]
Hilfe!	**Hjælp mig!** [ˈjɛlʔp mɑj]
Was ist passiert?	**Hvad er der sket?** [ˈvað ˈæɐ̯ ˈdɛˈɐ̯ ˈskeʔð?]

Feuer	**brand** [ˈbʁɑnˀ]
Schießerei	**skyderi** [skyðʌˈʁiˀ]
Mord	**mord** [ˈmoˀɐ̯]
Explosion	**eksplosion** [ɛksploˈɕoˀn]
Schlägerei	**kamp** [ˈkɑmˀp]

Rufen Sie die Polizei!	**Ring til politiet!** [ˈʁɛŋə te poliˈtiˀəð]
Beeilen Sie sich!	**Vær sød at skynde dig!** [ˈvɛɐ̯ˀ ˈsøðˀ ʌ ˈskønə ˈdɑj]
Ich suche nach einer Polizeistation.	**Jeg leder efter politistationen.** [jɑ ˈleːðə ˈɛftʌ poliˈti staˈɕoˀnən]
Ich muss einen Anruf tätigen.	**Jeg har brug for at foretage et opkald.** [jɑ hɑˀ ˈbʁuˀ fɐ ʌ ˈfoːɒˌtæˀ et ˈʌpkalˀ]
Kann ich Ihr Telefon benutzen?	**Må jeg bruge din telefon?** [mɔˀ jɑ ˈbʁuːə din teləˈfoˀn?]

Ich wurde …	**Jeg er blevet …** [ˈjɑj ˈæɐ̯ ˈblewəð …]
ausgeraubt	**overfaldet** [ˈɒwʌˌfalˀəð]
überfallen	**røvet** [ˈʁœwəð]
vergewaltigt	**voldtaget** [ˈvʌlˌtæˀəð]
angegriffen	**angrebet** [ˈanˌgʁɛˀbəð]

Ist bei Ihnen alles in Ordnung?	**Er du okay?** [æɐ̯ du ɔwˈkɛj?]
Haben Sie gesehen wer es war?	**Så du, hvem det var?** [ˈsɔˀ du, vɛm de ˈvɑˀ?]
Sind Sie in der Lage die Person wiederzuerkennen?	**Ville du være i stand** **til at genkende personen?** [ˈvilə du ˈvɛɐ̯ˀ i ˈstan te ʌ ˈgɛnˌkɛnˀə pæɐ̯ˈsoˀnən?]
Sind sie sicher?	**Er du sikker?** [ˈæɐ̯ du ˈsekʌ?]

Beruhigen Sie sich bitte!	**Fald til ro.** [ˈfalˀ te ˈʁoˀ]
Ruhig!	**Tag det roligt!** [ˈtæˀ de ˈʁoːlit]
Machen Sie sich keine Sorgen	**Det går nok!** [de gɒˀ ˈnʌk]
Alles wird gut.	**Alt vil være OK.** [ˈalˀt ve ˈvɛɐ̯ˀ ɔwˈkɛj]

Alles ist in Ordnung.

Alt er okay.
['al'ᵗ 'æɐ̯ ɔw'kɛj]

Kommen Sie bitte her.

Kom her.
[kʌm' 'hɛ'ɐ̯]

Ich habe einige Fragen für Sie.

Jeg har nogle spørgsmål til dig.
[ja hɑ' 'noːlə 'sbœɐ̯sˌmɔ'l te 'daj]

Warten Sie einen Moment bitte.

Vent et øjeblik.
['vɛnt et 'ʌjəˌblek]

Haben Sie einen
Identifikationsnachweis?

Har du nogen ID?
['hɑ' du 'noən 'i"de'?]

Danke. Sie können nun gehen.

Tak. Du kan gå nu.
[tɑk. du kan 'gɔ' nu]

Hände hinter dem Kopf!

Hænderne bag hovedet!
['hɛn'ʌnə 'bæ' 'hoːðəð]

Sie sind verhaftet!

Du er anholdt!
[du 'æɐ̯ 'anˌhʌlt]

Gesundheitsprobleme

Helfen Sie mir bitte.	**Vær sød at hjælpe mig.** ['vɛɐ̯ 'søð' ʌ 'jɛlpə maj]
Mir ist schlecht.	**Jeg føler mig dårlig.** [ja 'fø:lɐ̯ maj 'dɒ:li]
Meinem Ehemann ist schlecht.	**Min mand føler sig dårlig.** [min 'man' 'fø:lɐ̯ saj 'dɒ:li]
Mein Sohn ...	**Min søn ...** [min 'sœn ...]
Mein Vater ...	**Min far ...** [min 'fa: ...]
Meine Frau fühlt sich nicht gut.	**Min kone føler sig dårlig.** [min 'ko:nə 'fø:lɐ̯ saj 'dɒ:li]
Meine Tochter ...	**Min datter ...** [min 'datʌ ...]
Meine Mutter ...	**Min mor ...** [min 'moɐ̯ ...]
Ich habe ... schmerzen.	**Jeg har fået ...** [ja ha' fɒ' ...]
Kopf-	**hovedpine** ['ho:əð‚pi:nə]
Hals-	**ondt i halsen** ['ɔnt i 'hal'sən]
Bauch-	**mavepine** ['mæ:və 'pi:nə]
Zahn-	**tandpine** ['tan‚pi:nə]
Mir ist schwindelig.	**Jeg føler mig svimmel.** [ja 'fø:lɐ̯ maj 'svem'əl]
Er hat Fieber.	**Han har feber.** [han ha' 'fe'bʌ]
Sie hat Fieber.	**Hun har feber.** [hun ha' 'fe'bʌ]
Ich kann nicht atmen.	**Jeg kan ikke få vejret.** [ja kan 'ekə fɔ' 'vaj‚ʁat]
Ich kriege keine Luft.	**Jeg er forpustet.** ['jaj 'æɐ̯ fə'pu'steð]
Ich bin Asthmatiker.	**Jeg er astmatiker.** ['jaj 'æɐ̯ ast'mæ'tikʌ]
Ich bin Diabetiker /Diabetikerin/	**Jeg er diabetiker.** ['jaj 'æɐ̯ dia'be'tikʌ]

Ich habe Schlaflosigkeit.

Jeg kan ikke sove.
[ja kan 'ekə 'sɒwə]

Lebensmittelvergiftung

madforgiftning
['maðfʌˌgiftneŋ]

Es tut hier weh.

Det gør ondt her.
[de 'gœɐ̯ ɔnt 'hɛˀɐ̯]

Hilfe!

Hjælp mig!
['jɛlˀp maj]

Ich bin hier!

Jeg er her!
['jɑj 'æɐ̯ 'hɛˀɐ̯]

Wir sind hier!

Vi er her!
['vi 'æɐ̯ 'hɛˀɐ̯]

Bringen Sie mich hier raus!

Få mig ud herfra!
['fɔˀ 'maj 'uð' 'hɛˀɐ̯ˌfʁɑˀ]

Ich brauche einen Arzt.

Jeg har brug for en læge.
[ja haˀ 'bʁu' fə en 'lɛːjə]

Ich kann mich nicht bewegen.

Jeg kan ikke bevæge sig.
[ja kan 'ekə be'vɛˀjə 'saj]

Ich kann meine Beine nicht bewegen.

Jeg kan ikke bevæge mine ben.
[ja kan 'ekə be'vɛˀjə 'miːnə 'beˀn]

Ich habe eine Wunde.

Jeg har et sår.
[ja haˀ et 'sɒˀ]

Ist es ernst?

Er det alvorligt?
[æɐ̯ de al'vɒˀlit?]

Meine Dokumente sind in meiner Hosentasche.

Mine papirer ligger i min lomme.
['miːnə pa'piːɐ̯ 'legʌ i min 'lʌmə]

Beruhigen Sie sich!

Tag det roligt!
['tæˀ de 'ʁoːlit]

Kann ich Ihr Telefon benutzen?

Må jeg bruge din telefon?
[mɔˀ ja 'bʁuːə din telə'foˀn?]

Rufen Sie einen Krankenwagen!

Ring efter en ambulance!
['ʁeŋə 'ɛftʌ en ambu'laŋsə]

Es ist dringend!

Det haster!
[de 'hastə]

Es ist ein Notfall!

Det er en nødsituation!
[de 'æɐ̯ en 'nød sitwa'ɕoˀn]

Schneller bitte!

Vær sød at skynde dig!
['vɛɐ̯ˀ 'søðˀ ʌ 'skønə 'daj]

Können Sie bitte einen Arzt rufen?

Vil du venligst ringe til en læge?
['ve du 'vɛnlist 'ʁeŋə te en 'lɛːjə?]

Wo ist das Krankenhaus?

Hvor er hospitalet?
[vɒˀ 'æɐ̯ hɔspi'tæˀləð?]

Wie fühlen Sie sich?

Hvordan har du det?
[vɒ'dan haˀ du de?]

Ist bei Ihnen alles in Ordnung?

Er du okay?
[æɐ̯ du ɔw'kɛj?]

Was ist passiert?

Hvad er der sket?
['vað 'æɐ̯ 'dɛˀɐ̯ 'skeˀð?]

Mir geht es schon besser.

Jeg har det bedre nu.
[jɑ hɑˀ de ˈbɛðʁʌ ˈnu]

Es ist in Ordnung.

Det er OK.
[de ˈæɐ̯ ɔwˈkɛj]

Alles ist in Ordnung.

Det er OK.
[de ˈæɐ̯ ɔwˈkɛj]

In der Apotheke

Apotheke	**apotek** [ɑpo'teˀk]
24 Stunden Apotheke	**døgnåbent apotek** ['dʌjˀn 'ɔːbənt ɑpo'teˀk]
Wo ist die nächste Apotheke?	**Hvor er det nærmeste apotek?** [vɒˀ 'æɐ̯ de 'næɐ̯məstə ɑpo'teˀk?]
Ist sie jetzt offen?	**Holder det åbent nu?** ['hʌlʌ de 'ɔːbənt 'nu?]
Um wie viel Uhr öffnet sie?	**Hvornår åbner det?** [vɒ'nɒˀ 'ɔːbnʌ de?]
Um wie viel Uhr schließt sie?	**Hvornår lukker det?** [vɒ'nɒˀ 'lokɐ̯ de?]
Ist es weit?	**Er det langt væk?** [æɐ̯ de 'laŋˀt vɛk?]
Kann ich dort zu Fuß hingehen?	**Kan jeg komme derhen til fods?** ['kanˀ ja 'kʌmə 'dɛˀɐ̯'hɛn te 'foˀðs?]
Können Sie es mir auf der Karte zeigen?	**Kan du vise mig på kortet?** ['kan du 'viːsə mɑj pɒ 'kɒːtəð?]
Bitte geben sie mir etwas gegen …	**Kan du give mig noget for …** ['kan du giˀ mɑj 'noːəð fɐ …]
Kopfschmerzen	**hovedpine** ['hoːəð̩pi:nə]
Husten	**hoste** ['hoːstə]
eine Erkältung	**forkølelse** [fʌ'køˀləlsə]
die Grippe	**influenza** [enflu'ɛnsa]
Fieber	**feber** ['feˀbʌ]
Magenschmerzen	**ondt i maven** ['ɔnt i 'mæːvən]
Übelkeit	**kvalme** ['kvalmə]
Durchfall	**diarré** [dia'ʁɛˀ]
Verstopfung	**forstoppelse** [fʌ'stʌpəlsə]
Rückenschmerzen	**rygsmerter** ['ʁœg 'smæɐ̯tə]

Brustschmerzen	**brystsmerter** ['bʁœst 'smæɐ̯tə]
Seitenstechen	**sidesting** ['siːðə 'steŋˀ]
Bauchschmerzen	**mavesmerter** ['mæːvə 'smæɐ̯tə]

Pille	**pille** ['pelə]
Salbe, Creme	**salve, creme** ['salvə, 'kʁɛˀm]
Sirup	**sirup** ['siˀʁɔp]
Spray	**spray** ['spʁɛj]
Tropfen	**dråber** ['dʁɔːbʌ]

Sie müssen ins Krankenhaus gehen.	**Du er nødt til at tage på hospitalet.** [du 'æɐ̯ 'nøˀt te ʌ 'tæˀ pɔ hɔspi'tæˀləð]
Krankenversicherung	**sygesikring** ['syːə‚sekʁɛŋ]
Rezept	**recept** [ʁɛ'sɛpt]
Insektenschutzmittel	**mygge-afskrækker** ['mygə-'ɑw‚skʁakʌ]
Pflaster	**hæfteplaster** ['hɛftə 'plastʌ]

Das absolute Minimum

Entschuldigen Sie bitte, …
Undskyld, …
['ɔnˌskylʔ, …]

Hallo.
Hej.
['hɑj]

Danke.
Tak.
[tɑk]

Auf Wiedersehen.
Farvel.
[fɑ'vɛl]

Ja.
Ja.
['jæ]

Nein.
Nej.
[nɑjʔ]

Ich weiß nicht.
Jeg ved det ikke.
[jɑj ve de 'ekə]

Wo? | Wohin? | Wann?
Hvor? | Hvorhen? | Hvornår?
['vɒʔ? | 'vɒʔˌhɛn? | vɒ'nɒʔ?]

Ich brauche …
Jeg har brug for …
[jɑ hɑʔ 'bʁuʔ fə …]

Ich möchte …
Jeg vil …
[jɑj ve …]

Haben Sie …?
Har du …?
['hɑʔ du …?]

Gibt es hier …?
Er der en … her?
[æɐ̯ 'dɛʔɐ en … hɛʔɐ?]

Kann ich …?
Må jeg …?
[mɔʔ jɑ …?]

Bitte (anfragen)
… venligst
[… 'vɛnlist]

Ich suche …
Jeg leder efter …
[jɑ 'le:ðə 'ɛftʌ …]

die Toilette
toilet
[toɑ'lɛt]

den Geldautomat
udbetalingsautomat
[uðʔbe'tæʔleŋs ɑwto'mæʔt]

die Apotheke
apotek
[ɑpo'teʔk]

das Krankenhaus
hospital
[hɔspi'tæʔl]

die Polizeistation
politistation
[poli'ti stɑ'ço'n]

die U-Bahn
metro
['me:tʁo]

das Taxi	**taxi**
	['tɑksi]
den Bahnhof	**togstation**
	['tɔw staˈɕoˀn]

Ich heiße …	**Mit navn er …**
	[mit ˈnɑwˀn ˈæɐ̯ …]
Wie heißen Sie?	**Hvad er dit navn?**
	[ˈvað ˈæɐ̯ dit nɑwˀn?]
Helfen Sie mir bitte.	**Kan du hjælpe mig?**
	[ˈkan du ˈjɛlpə mɑj?]
Ich habe ein Problem.	**Jeg har fået et problem.**
	[jɑ hɑˀ fɔˀ et pʁoˈbleˀm]
Mir ist schlecht.	**Jeg føler mig dårlig.**
	[jɑ ˈføːlɐ mɑj ˈdɔːli]
Rufen Sie einen Krankenwagen!	**Ring efter en ambulance!**
	[ˈʁɛŋə ˈɛftʌ en ɑmbuˈlɑŋsə]
Darf ich telefonieren?	**Må jeg foretage et opkald?**
	[mɔˀ jɑ ˈfoːɒ̯ˌtæˀ et ˈʌpkalˀʔ?]

Entschuldigung.	**Det er jeg ked af.**
	[de ˈæɐ̯ jɑ ˈkeðˀ æˀ]
Keine Ursache.	**Selv tak.**
	[sɛlˀ tak]

ich	**Jeg, mig**
	[jɑj, mɑj]
du	**du**
	[du]
er	**han**
	[han]
sie	**hun**
	[hun]
sie (Pl, Mask.)	**de**
	[di]
sie (Pl, Fem.)	**de**
	[di]
wir	**vi**
	[vi]
ihr	**I, De**
	[I, di]
Sie	**De**
	[di]

EINGANG	**INDGANG**
	[ˈenˌgɑŋˀ]
AUSGANG	**UDGANG**
	[ˈuðˌgɑŋˀ]
AUßER BETRIEB	**UDE AF DRIFT**
	[ˈuːðə æˀ ˈdʁɛft]
GESCHLOSSEN	**LUKKET**
	[ˈlɔkəð]

OFFEN

ÅBEN
['ɔːbən]

FÜR DAMEN

TIL KVINDER
[te 'kvenʌ]

FÜR HERREN

TIL MÆND
[te 'mɛnʔ]

AKTUELLES VOKABULAR

Dieser Teil beinhaltet mehr als 3.000 der wichtigsten Wörter. Das Wörterbuch wird Ihnen wertvolle Unterstützung während Ihrer Reise bieten, weil einzelne, häufig benutzte Wörter genug sind, damit Sie verstanden werden. Das Wörterbuch beinhaltet eine praktische Transkription jedes Fremdworts

T&P Books Publishing

INHALT WÖRTERBUCH

T&P Books Publishing

BOOKS

T&P

GRUNDBEGRIFFE

T&P Books Publishing

1. Pronomen

ich	**jeg**	['jɑj]
du	**du**	[du]
er	**han**	['han]
sie	**hun**	['hun]
es	**den, det**	['dən], [de]
wir	**vi**	['vi]
ihr	**I**	[i]
sie	**de**	['di]

2. Grüße. Begrüßungen

Hallo! (ugs.)	**Hej!**	['hɑj]
Hallo! (Amtsspr.)	**Hallo! Goddag!**	[ha'lo], [goˈdæʔ]
Guten Morgen!	**Godmorgen!**	[goˈmɔːn]
Guten Tag!	**Goddag!**	[goˈdæʔ]
Guten Abend!	**Godaften!**	[goˈɑftən]
grüßen (vi, vt)	**at hilse**	[ʌ 'hilsə]
Hallo! (ugs.)	**Hej!**	['hɑj]
Gruß (m)	**hilsen** (f)	['hilsən]
begrüßen (vt)	**at hilse**	[ʌ 'hilsə]
Wie geht es Ihnen?	**Hvordan har De det?**	[vɒdan ha di de]
Wie geht's dir?	**Hvordan går det?**	[vɒdan gɒ: de]
Was gibt es Neues?	**Hvad nyt?**	['vað 'nyt]
Auf Wiedersehen!	**Farvel!**	[faˈvɛl]
Wiedersehen! Tschüs!	**Hej hej!**	['hɑj 'hɑj]
Bis bald!	**Hej så længe!**	['hɑj sʌ 'lɛŋə]
Lebe wohl!	**Farvel!**	[faˈvɛl]
Leben Sie wohl!		
sich verabschieden	**at sige farvel**	[ʌ 'si: faˈvɛl]
Tschüs!	**Hej hej!**	['hɑj 'hɑj]
Danke!	**Tak!**	['tak]
Dankeschön!	**Mange tak!**	[ˈmaŋə 'tak]
Bitte (Antwort)	**Velbekomme**	['vɛlbəˈkʌmˀə]
Keine Ursache.	**Det var så lidt!**	[de va' sʌ let]
Nichts zu danken.	**Det var så lidt!**	[de va' sʌ let]
Entschuldige!	**Undskyld, ...**	['ɔnˌskylʔ, ...]
Entschuldigung!	**Undskyld mig, ...**	['ɔnˌskylʔ mɑj, ...]

entschuldigen (vt)	**at undskylde**	[ʌ ˈɔnˌskylˀə]
sich entschuldigen	**at undskylde sig**	[ʌ ˈɔnˌskylˀə saj]
Verzeihung!	**Om forladelse**	[ʌm fʌˈlæˀðəlsə]
Es tut mir leid!	**Undskyld mig!**	[ˈɔnˌskylˀ maj]
verzeihen (vt)	**at tilgive**	[ʌ ˈtelˌgiˀ]
Das macht nichts!	**Det gør ikke noget**	[de ˈgœɡ ˈekə ˈnɔːəð]
bitte (Die Rechnung, ~!)	**værsgo**	[ˈvæɡˈsgoˀ]

Nicht vergessen!	**Husk!**	[ˈhusk]
Natürlich!	**Selvfølgelig!**	[sɛlˈføljəli]
Natürlich nicht!	**Naturligvis ikke!**	[naˈtuɡˀliˀviˀs ˈekə]
Gut! Okay!	**OK! Jeg er enig!**	[ɔwˈkɛj], [ˈjaj ˈæɡ ˈeːni]
Es ist genug!	**Så er det nok!**	[ˈsʌ æɡ de ˈnʌk]

3. Fragen

Wer?	**Hvem?**	[ˈvɛmˀ]
Was?	**Hvad?**	[ˈvað]
Wo?	**Hvor?**	[ˈvɒˀ]
Wohin?	**Hvorhen?**	[ˈvɒˀˌhɛn]
Woher?	**Hvorfra?**	[ˈvɒˀˌfʁɑˀ]
Wann?	**Hvornår?**	[vɒˈnɒˀ]
Wozu?	**Hvorfor?**	[ˈvɔfʌ]
Warum?	**Hvorfor?**	[ˈvɔfʌ]

Wofür?	**For hvad?**	[fʌ ˈvað]
Wie?	**Hvordan?**	[vɒˈdan]
Welcher?	**Hvilken?**	[ˈvelkən]

Wem?	**Til hvem?**	[tel ˈvɛmˀ]
Über wen?	**Om hvem?**	[ʌm ˈvɛmˀ]
Wovon? (~ sprichst du?)	**Om hvad?**	[ʌm ˈvað]
Mit wem?	**Med hvem?**	[mɛ ˈvɛmˀ]

Wie viele?	**Hvor mange?**	[vɒˀ ˈmɑŋə]
Wie viel?	**Hvor meget?**	[vɒˀ ˈmɑɑð]
Wessen?	**Hvis?**	[ˈves]

4. Präpositionen

mit (Frau ~ Katzen)	**med**	[mɛ]
ohne (~ Dich)	**uden**	[ˈuðən]
nach (~ London)	**til**	[ˈtel]
über	**om**	[ʌm]
(~ Geschäfte sprechen)		
vor (z.B. ~ acht Uhr)	**før**	[ˈføˀɡ]
vor (z.B. ~ dem Haus)	**foran ...**	[ˈfɒːˈanˀ ...]
unter (~ dem Schirm)	**under**	[ˈɔnʌ]

über (~ dem Meeresspiegel)	over	['ɒwʌ]
auf (~ dem Tisch)	på	[pɔ]
aus (z.B. ~ München)	fra	['fʁɑ']
aus (z.B. ~ Porzellan)	af	[a]
in (~ zwei Tagen)	om	[ʌm]
über (~ zaun)	over	['ɒwʌ]

5. Funktionswörter. Adverbien. Teil 1

Wo?	Hvor?	['vɒ']
hier	her	['hɛ'ɐ̯]
dort	der	['dɛ'ɐ̯]
irgendwo	et sted	[et 'stɛð]
nirgends	ingen steder	['eŋən ˌstɛːðʌ]
an (bei)	ved	[ve]
am Fenster	ved vinduet	[ve 'venduəð]
Wohin?	Hvorhen?	['vɒ'ˌhɛn]
hierher	herhen	['hɛ'ɐ̯ˌhɛn]
dahin	derhen	['dɛ'ɐ̯ˌhɛn]
von hier	herfra	['hɛ'ɐ̯ˌfʁɑ']
von da	derfra	['dɛ'ɐ̯ˌfʁɑ']
nah (Adv)	nær	['nɛ'ɐ̯]
weit, fern (Adv)	langt	['laŋ't]
in der Nähe von …	nær	['nɛ'ɐ̯]
in der Nähe	i nærheden	[i 'nɛɐ̯ˌheðʰən]
unweit (~ unseres Hotels)	ikke langt	['ekə 'laŋ't]
link (Adj)	venstre	['vɛnstʁʌ]
links (Adv)	til venstre	[te 'vɛnstʁʌ]
nach links	til venstre	[te 'vɛnstʁʌ]
recht (Adj)	højre	['hʌjʁʌ]
rechts (Adv)	til højre	[te 'hʌjʁʌ]
nach rechts	til højre	[te 'hʌjʁʌ]
vorne (Adv)	foran	['fɔ:'an']
Vorder-	for-, ante-	[fʌ-], [antə'-]
vorwärts	fremad	['fʁɑm'ˌɐ̯ð]
hinten (Adv)	bagved	['bæ'jˌve]
von hinten	bagpå	['bæ'jˌpɔ']
rückwärts (Adv)	tilbage	[te'bæːjə]
Mitte (f)	midte (f)	['metə]

in der Mitte	i midten	[i 'metən]
seitlich (Adv)	fra siden	[fʁɑ 'siðən]
überall (Adv)	overalt	[ɒwʌ'al'd]
ringsherum (Adv)	rundtomkring	['ʁɔn'dʌmˌkʁɛŋ']
von innen (Adv)	indefra	['enəˌfʁɑ']
irgendwohin (Adv)	et sted	[et 'stɛð]
geradeaus (Adv)	ligeud	['liːə'uð']
zurück (Adv)	tilbage	[te'bæːjə]
irgendwoher (Adv)	et eller andet sted fra	[ed 'ɛlɑ 'anəð stɛð fʁɑ']
von irgendwo (Adv)	fra et sted	[fʁɑ ed 'stɛð]
erstens	for det første	[fʌ de 'fœɐ̯stə]
zweitens	for det andet	[fʌ de 'anəð]
drittens	for det tredje	[fʌ de 'tʁɛðjə]
plötzlich (Adv)	pludseligt	['plusəlit]
zuerst (Adv)	i begyndelsen	[i be'gøn'əlsən]
zum ersten Mal	for første gang	[fʌ 'fœɐ̯stə gaŋ']
lange vor...	længe før ...	['lɛŋə føˀɐ̯ ...]
von Anfang an	på ny	[pɔ 'ny']
für immer	for evigt	[fʌ 'eːvið]
nie (Adv)	aldrig	['ɑldʁi]
wieder (Adv)	igen	[i'gɛn]
jetzt (Adv)	nu	['nu]
oft (Adv)	ofte	['ʌftə]
damals (Adv)	da, dengang	['da], ['dɛn'ˌgaŋ']
dringend (Adv)	omgående	['ʌmˌgɔ'ənə]
gewöhnlich (Adv)	vanligvis	['væːnliˌvi's]
übrigens, ...	for resten ...	[fʌ 'ʁastən ...]
möglicherweise (Adv)	muligt, muligvis	['muːlit], ['muːliˌvi's]
wahrscheinlich (Adv)	sandsynligvis	[san'syˀnliˌvi's]
vielleicht (Adv)	måske	[mɔ'ske']
außerdem ...	desuden, ...	[des'uːðən, ...]
deshalb ...	derfor ...	['dɛˀɐ̯fʌ ...]
trotz ...	på trods af ...	[pɔ 'tʁʌs æˀ ...]
dank ...	takket være ...	['tɑkəð ˌvɛˀʌ ...]
was (~ ist denn?)	hvad	['vað]
das (~ ist alles)	at	[at]
etwas	noget	['nɔːəð]
irgendwas	noget	['nɔːəð]
nichts	ingenting	['eŋən'teŋ']
wer (~ ist ~?)	hvem	['vɛm']
jemand	nogen	['noən]
irgendwer	nogen	['noən]
niemand	ingen	['eŋən]
nirgends	ingen steder	['eŋən ˌstɛːðʌ]

| niemandes (~ Eigentum) | ingens | ['eŋəns] |
| jemandes | nogens | ['noəns] |

so (derart)	så	['sʌ]
auch	også	['ʌsə]
ebenfalls	også	['ʌsə]

6. Funktionswörter. Adverbien. Teil 2

Warum?	Hvorfor?	['vɔfʌ]
aus irgendeinem Grund	af en eller anden grund	[a en 'ɛlʌ 'anən 'gʁɔnʔ]
weil ...	fordi ...	[fʌ'diʔ ...]
zu irgendeinem Zweck	af en eller anden grund	[a en 'ɛlʌ 'anən 'gʁɔnʔ]

und	og	[ʌ]
oder	eller	[ɛlʌ]
aber	men	['mɛn]
für (präp)	for, til	[fʌ], [tel]

zu (~ viele)	for, alt for	[fʌ], ['alʔt fʌ]
nur (~ einmal)	bare, kun	['bɑːɑ], ['kɔn]
genau (Adv)	præcis	[pʁɛ'siʔs]
etwa	cirka	['siɛka]

ungefähr (Adv)	omtrent	[ʌm'tʁanʔt]
ungefähr (Adj)	omtrentlig	[ʌm'tʁanʔtli]
fast	næsten	['nɛstən]
Übrige (n)	rest (f)	['ʁast]

der andere	den anden	[dən 'anən]
andere	andre	['ɑndʁʌ]
jeder (~ Mann)	hver	['vɛʔɐ̯]
beliebig (Adj)	hvilken som helst	['velkən sʌm 'hɛlʔst]
viel	megen, meget	['majən], ['mɑɑð]
viele Menschen	mange	['mɑŋə]
alle (wir ~)	alle	['alə]

im Austausch gegen ...	til gengæld for ...	[tel 'gɛnˌgɛlʔ fʌ ...]
dafür (Adv)	i stedet for	[i 'stɛðə fʌ]
mit der Hand (Hand-)	i hånden	[i 'hʌnən]
schwerlich (Adv)	næppe	['nɛpə]

wahrscheinlich (Adv)	sandsynligvis	[san'syʔnliˌviʔs]
absichtlich (Adv)	med vilje, forsætlig	[mɛ 'viljə], [fʌ'sɛtli]
zufällig (Adv)	tilfældigt	[te'fɛlʔdit]

sehr (Adv)	meget	['mɑɑð]
zum Beispiel	for eksempel	[fʌ ɛk'sɛmʔpəl]
zwischen	imellem	[i'mɛlʔəm]
unter (Wir sind ~ Mördern)	blandt	['blant]

| so viele (~ Ideen) | **så meget** | ['sʌ 'maɑð] |
| besonders (Adv) | **særligt** | ['sæɐ̯lit] |

BOOKS

ZAHLEN. VERSCHIEDENES

T&P Books Publishing

null	**nul**	['nɔl]
eins	**en**	['en]
zwei	**to**	['toˀ]
drei	**tre**	['tʁɛˀ]
vier	**fire**	['fiˀʌ]

fünf	**fem**	['fɛmˀ]
sechs	**seks**	['sɛks]
sieben	**syv**	['sywˀ]
acht	**otte**	['ɔ:tə]
neun	**ni**	['niˀ]

zehn	**ti**	['tiˀ]
elf	**elleve**	['ɛlvə]
zwölf	**tolv**	['tʌlˀ]
dreizehn	**tretten**	['tʁatən]
vierzehn	**fjorten**	['fjoʁtən]

fünfzehn	**femten**	['fɛmtən]
sechzehn	**seksten**	['sɑjstən]
siebzehn	**sytten**	['søtən]
achtzehn	**atten**	['atən]
neunzehn	**nitten**	['netən]

zwanzig	**tyve**	['ty:və]
einundzwanzig	**enogtyve**	['e:nʌˌty:və]
zweiundzwanzig	**toogtyve**	['to:ʌˌty:və]
dreiundzwanzig	**treogtyve**	['tʁɛ:ʌˌty:və]

dreißig	**tredive**	['tʁaðvə]
einunddreißig	**enogtredive**	['e:nʌˌtʁaðvə]
zweiunddreißig	**toogtredive**	['to:ʌˌtʁaðvə]
dreiunddreißig	**treogtredive**	['tʁɛ:ʌˌtʁaðvə]

vierzig	**fyrre**	['fœʁʌ]
einundvierzig	**enogfyrre**	['e:nʌˌfœʁʌ]
zweiundvierzig	**toogfyrre**	['to:ʌˌfœʁʌ]
dreiundvierzig	**treogfyrre**	['tʁɛ:ʌˌfœʁʌ]

fünfzig	**halvtreds**	[hal'tʁɛs]
einundfünfzig	**enoghalvtreds**	['e:nʌ halˌtʁɛs]
zweiundfünfzig	**tooghalvtreds**	['to:ʌ halˌtʁɛs]
dreiundfünfzig	**treoghalvtreds**	['tʁɛ:ʌ halˌtʁɛs]
sechzig	**tres**	['tʁɛs]

einundsechzig	**enogtres**	['eːnʌˌtʁɛs]
zweiundsechzig	**toogtres**	['toːʌˌtʁɛs]
dreiundsechzig	**treogtres**	['tʁɛːʌˌtʁɛs]

siebzig	**halvfjerds**	[hal'fjæɐ̯s]
einundsiebzig	**enoghalvfjerds**	['eːnʌ hal'fjæɐ̯s]
zweiundsiebzig	**tooghalvfjerds**	['toːʌ hal'fjæɐ̯s]
dreiundsiebzig	**treoghalvfjerds**	['tʁɛːʌ hal'fjæɐ̯s]

achtzig	**firs**	['fiɐ̯ˀs]
einundachtzig	**enogfirs**	['eːnʌˌ'fiɐ̯ˀs]
zweiundachtzig	**toogfirs**	['toːʌˌfiɐ̯ˀs]
dreiundachtzig	**treogfirs**	['tʁɛːʌˌfiɐ̯ˀs]

neunzig	**halvfems**	[hal'fɛmˀs]
einundneunzig	**enoghalvfems**	['eːnʌ halˌfɛmˀs]
zweiundneunzig	**tooghalvfems**	['toːʌ halˌfɛmˀs]
dreiundneunzig	**treoghalvfems**	['tʁɛːʌ halˌfɛmˀs]

8. Grundzahlen. Teil 2

einhundert	**hundrede**	['hunʌðə]
zweihundert	**tohundrede**	['tɔwˌhunʌðə]
dreihundert	**trehundrede**	['tʁɛˌhunʌðə]
vierhundert	**firehundrede**	['fiɐ̯ˌhunʌðə]
fünfhundert	**femhundrede**	['fɛmˌhunʌðə]

sechshundert	**sekshundrede**	['sɛksˌhunʌðə]
siebenhundert	**syvhundrede**	['sywˌhunʌðə]
achthundert	**ottehundrede**	['ɔːtəˌhunʌðə]
neunhundert	**nihundrede**	['niˌhunʌðə]

eintausend	**tusind**	['tuˀsən]
zweitausend	**totusind**	['toˌtuˀsən]
dreitausend	**tretusind**	['tʁɛˌtuˀsən]
zehntausend	**titusind**	['tiˌtuˀsən]
hunderttausend	**hundredetusind**	['hunʌðəˌtuˀsən]
Million (f)	**million** (f)	[mili'oˀn]
Milliarde (f)	**milliard** (f)	[mili'ɑˀd]

9. Ordnungszahlen

der erste	**første**	['fœɐ̯stə]
der zweite	**anden**	['anən]
der dritte	**tredje**	['tʁɛðjə]
der vierte	**fjerde**	['fjɛːʌ]
der fünfte	**femte**	['fɛmtə]
der sechste	**sjette**	['ɕɛːtə]

der siebte	**syvende**	['syw'ənə]
der achte	**ottende**	['ʌtənə]
der neunte	**niende**	['ni'ənə]
der zehnte	**tiende**	['ti'ənə]

T&P BOOKS

FARBEN. MASSEINHEITEN

T&P Books Publishing

10. Farben

Farbe (f)	**farve** (f)	['faːvə]
Schattierung (f)	**nuance** (f)	[ny'aŋsə]
Farbton (m)	**farvetone** (f)	['faːvəˌtoːnə]
Regenbogen (m)	**regnbue** (f)	['ʁajnˌbuːə]

weiß	**hvid**	['viðˀ]
schwarz	**sort**	['soɐ̯t]
grau	**grå**	['gʁɔˀ]

grün	**grøn**	['gʁœnˀ]
gelb	**gul**	['guˀl]
rot	**rød**	['ʁœð̩ˀ]
blau	**blå**	['blɔˀ]
hellblau	**lyseblå**	['lysəˌblɔˀ]
rosa	**rosa**	['ʁoːsa]
orange	**orange**	[o'ʁaŋɕə]
violett	**violblå**	[vi'olˌblɔˀ]
braun	**brun**	['bʁuˀn]

golden	**guld-**	['gul-]
silbrig	**sølv-**	['søl-]
beige	**beige**	['bɛːɕ]
cremefarben	**cremefarvet**	['kʁɛːmˌfaˀvəð]
türkis	**turkis**	[tyɐ̯'kiˀs]
kirschrot	**kirsebærrød**	['kiɐ̯səbæɐ̯ˌʁœð̩ˀ]
lila	**lilla**	['lela]
himbeerrot	**hindbærrød**	['henbæɐ̯ˌʁœð̩ˀ]

hell	**lys**	['lyˀs]
dunkel	**mørk**	['mœɐ̯k]
grell	**klar**	['klɑˀ]

Farb- (z.B. -stifte)	**farve-**	['faːvə-]
Farb- (z.B. -film)	**farve**	['faːvə]
schwarz-weiß	**sort-hvid**	['soɐ̯t'viðˀ]
einfarbig	**ensfarvet**	['ensˌfaˀvəð]
bunt	**mangefarvet**	['maŋəˌfaːvəð]

11. Maßeinheiten

Gewicht (n)	**vægt** (f)	['vɛgt]
Länge (f)	**længde** (f)	['lɛŋˀdə]

Breite (f)	**bredde** (f)	[ˈbʁɛˀdə]
Höhe (f)	**højde** (f)	[ˈhʌjˀdə]
Tiefe (f)	**dybde** (f)	[ˈdybdə]
Volumen (n)	**rumfang** (i)	[ˈʁɔmˌfɑŋˀ]
Fläche (f)	**areal** (i)	[ˌɑːeˈæˀl]
Gramm (n)	**gram** (i)	[ˈgʁɑmˀ]
Milligramm (n)	**milligram** (i)	[ˈmiliˌgʁɑmˀ]
Kilo (n)	**kilogram** (i)	[ˈkiloˌgʁɑmˀ]
Tonne (f)	**ton** (i, f)	[ˈtʌnˀ]
Pfund (n)	**pund** (i)	[ˈpunˀ]
Unze (f)	**ounce** (f)	[ˈawns]
Meter (m)	**meter** (f)	[ˈmeˀtʌ]
Millimeter (m)	**millimeter** (f)	[ˈmiliˌmeˀtʌ]
Zentimeter (m)	**centimeter** (f)	[ˈsɛntiˌmeˀtʌ]
Kilometer (m)	**kilometer** (f)	[ˈkiloˌmeˀtʌ]
Meile (f)	**mil** (f)	[ˈmiˀl]
Zoll (m)	**tomme** (f)	[ˈtʌmə]
Fuß (m)	**fod** (f)	[ˈfoˀð]
Yard (n)	**yard** (f)	[ˈjɑːd]
Quadratmeter (m)	**kvadratmeter** (f)	[kvaˈdʁɑˀtˌmeˀtʌ]
Hektar (n)	**hektar** (f)	[hɛkˈtɑˀ]
Liter (m)	**liter** (f)	[ˈlitʌ]
Grad (m)	**grad** (f)	[ˈgʁɑˀð]
Volt (n)	**volt** (f)	[ˈvʌlˀt]
Ampere (n)	**ampere** (f)	[ɑmˈpɛːɐ̯]
Pferdestärke (f)	**hestekraft** (f)	[ˈhɛstəˌkʁɑft]
Anzahl (f)	**mængde** (f)	[ˈmɛnˀdə]
etwas …	**lidt …**	[ˈlet …]
Hälfte (f)	**halvdel** (f)	[ˈhaldeˀl]
Dutzend (n)	**dusin** (i)	[duˈsiˀn]
Stück (n)	**stykke** (i)	[ˈstøkə]
Größe (f)	**størrelse** (f)	[ˈstœʁʌlsə]
Maßstab (m)	**målestok** (f)	[ˈmɔːləˌstʌk]
minimal (Adj)	**minimal**	[miniˈmæˀl]
der kleinste	**mindst**	[ˈmenˀst]
mittler, mittel-	**middel**	[ˈmiðˀəl]
maximal (Adj)	**maksimal**	[mɑksiˈmæˀl]
der größte	**størst**	[ˈstœʁst]

12. Behälter

Glas (Einmachglas)	**glaskrukke** (f)	[ˈglasˌkʁɔkə]
Dose (z.B. Bierdose)	**dåse** (f)	[ˈdɔːsə]

Eimer (m)	spand (f)	['span']
Fass (n), Tonne (f)	tønde (f)	['tønə]
Waschschüssel (n)	balje (f)	['baljə]
Tank (m)	tank (f)	['tɑŋˀk]
Flachmann (m)	lommelærke (f)	['lʌmə,læɐ̯kə]
Kanister (m)	dunk (f)	['dɔŋˀk]
Zisterne (f)	tank (f)	['tɑŋˀk]
Kaffeebecher (m)	krus (i)	['kʁuˀs]
Tasse (f)	kop (f)	['kʌp]
Untertasse (f)	underkop (f)	['ɔnʌ,kʌp]
Wasserglas (n)	glas (i)	['glas]
Weinglas (n)	vinglas (i)	['viːn,glas]
Kochtopf (m)	gryde (f)	['gʁyːðə]
Flasche (f)	flaske (f)	['flaskə]
Flaschenhals (m)	flaskehals (f)	['flaskə,halˀs]
Karaffe (f)	karaffel (f)	[ka'ʁafəl]
Tonkrug (m)	kande (f)	['kanə]
Gefäß (n)	beholder (f)	[be'hʌlˀʌ]
Tontopf (m)	potte (f)	['pʌtə]
Vase (f)	vase (f)	['væːsə]
Flakon (n)	flakon (f)	[fla'kʌŋ]
Fläschchen (n)	flaske (f)	['flaskə]
Tube (z.B. Zahnpasta)	tube (f)	['tuːbə]
Sack (~ Kartoffeln)	sæk (f)	['sɛk]
Tüte (z.B. Plastiktüte)	pose (f)	['poːsə]
Schachtel (z.B. Zigaretten~)	pakke (f)	['pakə]
Karton (z.B. Schuhkarton)	æske (f)	['ɛskə]
Kiste (z.B. Bananenkiste)	kasse (f)	['kasə]
Korb (m)	kurv (f)	['kuɐ̯ˀw]

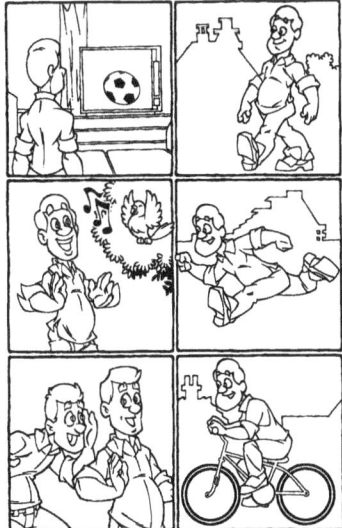

DIE WICHTIGSTEN VERBEN

T&P Books Publishing

abbiegen (nach links ~)	**at svinge**	[ʌ 'sveŋə]
abschicken (vt)	**at sende**	[ʌ 'sɛnə]
ändern (vt)	**at ændre**	[ʌ 'ɛndʁʌ]
andeuten (vt)	**at give et vink**	[ʌ 'giˀ et 'veŋˀk]
Angst haben	**at frygte**	[ʌ 'fʁœgtə]
ankommen (vi)	**at ankomme**	[ʌ 'anˌkʌmˀə]
antworten (vi)	**at svare**	[ʌ 'svɑːɑ]
arbeiten (vi)	**at arbejde**	[ʌ 'ɑːˌbɑjˀdə]
auf … zählen	**at regne med …**	[ʌ 'ʁɑjnə mɛ …]
aufbewahren (vt)	**at beholde**	[ʌ be'hʌlˀə]
aufschreiben (vt)	**at skrive ned**	[ʌ 'skʁiːvə 'neðˀ]
ausgehen (vi)	**at gå ud**	[ʌ 'gɔˀ uðˀ]
aussprechen (vt)	**at udtale**	[ʌ 'uðˌtæːlə]
bedauern (vt)	**at beklage**	[ʌ be'klæˀjə]
bedeuten (vt)	**at betyde**	[ʌ be'tyˀðə]
beenden (vt)	**at slutte**	[ʌ 'slutə]
befehlen (Milit.)	**at beordre**	[ʌ be'ɒˀdʁʌ]
befreien (Stadt usw.)	**at befri**	[ʌ be'fʁiˀ]
beginnen (vt)	**at begynde**	[ʌ be'gønˀə]
bemerken (vt)	**at bemærke**	[ʌ be'mæ̞ɡkə]
beobachten (vt)	**at observere**	[ʌ ʌbsæ̞ɡ've̞ˀʌ]
berühren (vt)	**at røre**	[ʌ 'ʁœːʌ]
besitzen (vt)	**at besidde, at eje**	[ʌ be'siðˀə], [ʌ 'ɑjə]
besprechen (vt)	**at diskutere**	[ʌ disku'te̞ˀʌ]
bestehen auf	**at insistere**	[ʌ ensi'ste̞ˀʌ]
bestellen (im Restaurant)	**at bestille**	[ʌ be'stelˀə]
bestrafen (vt)	**at straffe**	[ʌ 'stʁɑfə]
beten (vi)	**at bede**	[ʌ 'be̞ˀðə]
bitten (vt)	**at bede**	[ʌ 'be̞ˀðə]
brechen (vt)	**at bryde**	[ʌ 'bʁyːðə]
denken (vi, vt)	**at tænke**	[ʌ 'tɛŋkə]
drohen (vi)	**at true**	[ʌ 'tʁuːə]
Durst haben	**at være tørstig**	[ʌ 'vɛːʌ 'tœ̞ɡsti]
einladen (vt)	**at indbyde, at invitere**	[ʌ 'enˌbyˀðə], [ʌ envi'te̞ˀʌ]
einstellen (vt)	**at stoppe, at slutte**	[ʌ 'stʌpə], [ʌ 'slutə]
einwenden (vt)	**at indvende**	[ʌ 'enˀˌvɛnˀə]
empfehlen (vt)	**at anbefale**	[ʌ 'anbeˌfæˀlə]
erklären (vt)	**at forklare**	[ʌ fʌ'klɑˀɑ]

erlauben (vt)	at tillade	[ʌ 'teˌlæ'ðə]
ermorden (vt)	at dræbe, at myrde	[ʌ 'dʁɛ:bə], [ʌ 'myɐ̯də]
erwähnen (vt)	at omtale, at nævne	[ʌ 'ʌmˌtæ:lə], [ʌ 'nɛwnə]
existieren (vi)	at eksistere	[ʌ ɛksi'ste'ʌ]

14. Die wichtigsten Verben. Teil 2

fallen (vi)	at falde	[ʌ 'falə]
fallen lassen	at tabe	[ʌ 'tæ:bə]
fangen (vt)	at fange	[ʌ 'faŋə]
finden (vt)	at finde	[ʌ 'fenə]
fliegen (vi)	at flyve	[ʌ 'fly:və]

folgen (Folge mir!)	at følge efter …	[ʌ 'føljə 'ɛftʌ …]
fortsetzen (vt)	at fortsætte	[ʌ 'fɔ:tˌsɛtə]
fragen (vt)	at spørge	[ʌ 'spœɐ̯ʌ]
frühstücken (vi)	at spise morgenmad	[ʌ 'spi:sə 'mɔ:ɒnˌmåð]
geben (vt)	at give	[ʌ 'gi']

gefallen (vi)	at kunne lide	[ʌ 'kunə 'li:ðə]
gehen (zu Fuß gehen)	at gå	[ʌ 'gɔ']
gehören (vi)	at tilhøre …	[ʌ 'telˌhø'ʌ …]
graben (vt)	at grave	[ʌ 'gʁɑ:və]

haben (vt)	at have	[ʌ 'hæ:və]
helfen (vi)	at hjælpe	[ʌ 'jɛlpə]
herabsteigen (vi)	at gå ned	[ʌ gɔ' 'neð']
hereinkommen (vi)	at komme ind	[ʌ 'kʌmə ˌen']

hoffen (vi)	at håbe	[ʌ 'hɔ:bə]
hören (vt)	at høre	[ʌ 'hø:ʌ]
hungrig sein	at være sulten	[ʌ 'vɛ:ʌ 'sultən]
informieren (vt)	at informere	[ʌ enfɒ'me'ʌ]
jagen (vi)	at jage	[ʌ 'jæ:jə]

kennen (vt)	at kende	[ʌ 'kɛnə]
klagen (vi)	at klage	[ʌ 'klæ:jə]
können (v mod)	at kunne	[ʌ 'kunə]
kontrollieren (vt)	at kontrollere	[ʌ kʌntʁo'le'ʌ]
kosten (vt)	at koste	[ʌ 'kʌstə]

kränken (vt)	at fornærme	[ʌ fʌ'næg'mə]
lächeln (vi)	at smile	[ʌ 'smi:lə]
lachen (vi)	at le, at grine	[ʌ 'le'], [ʌ 'gʁi:nə]
laufen (vi)	at løbe	[ʌ 'lø:bə]
leiten (Betrieb usw.)	at styre, at lede	[ʌ 'sty:ʌ], [ʌ 'le:ðə]

lernen (vt)	at studere	[ʌ stu'de'ʌ]
lesen (vi, vt)	at læse	[ʌ 'lɛ:sə]
lieben (vt)	at elske	[ʌ 'ɛlskə]

machen (vt)	at gøre	[ʌ 'gœːʌ]
mieten (Haus usw.)	at leje	[ʌ 'lɑjə]
nehmen (vt)	at tage	[ʌ 'tæʾ]
noch einmal sagen	at gentage	[ʌ 'gɛnˌtæʾ]
nötig sein	at være behøvet	[ʌ 'vɛːʌ be'høʾvəð]
öffnen (vt)	at åbne	[ʌ 'ɔːbnə]

15. Die wichtigsten Verben. Teil 3

planen (vt)	at planlægge	[ʌ 'plæːnˌlɛgə]
prahlen (vi)	at prale	[ʌ 'pʁɑːlə]
raten (vt)	at råde	[ʌ 'ʁɔːðə]
rechnen (vt)	at tælle	[ʌ 'tɛlə]
reservieren (vt)	at reservere	[ʌ ʁɛsæɐ̯'veʾʌ]

retten (vt)	at redde	[ʌ 'ʁɛðə]
richtig raten (vt)	at gætte	[ʌ 'gɛtə]
rufen (um Hilfe ~)	at tilkalde	[ʌ 'telˌkal'ə]
sagen (vt)	at sige	[ʌ 'siː]
schaffen (Etwas Neues zu ~)	at oprette, at skabe	[ʌ 'ʌbˌʁatə], [ʌ 'skæːbə]

schelten (vt)	at skælde	[ʌ 'skɛlə]
schießen (vi)	at skyde	[ʌ 'skyːðə]
schmücken (vt)	at pryde	[ʌ 'pʁyːðə]
schreiben (vi, vt)	at skrive	[ʌ 'skʁiːvə]
schreien (vi)	at skrige	[ʌ 'skʁiːə]

| schweigen (vi) | at tie | [ʌ 'tiːə] |
| schwimmen (vi) | at svømme | [ʌ 'svœmə] |

| schwimmen gehen | at bade | [ʌ 'bæʾðə] |
| sehen (vi, vt) | at se | [ʌ 'seʾ] |

sein (vi)	at være	[ʌ 'vɛːʌ]
sich beeilen	at skynde sig	[ʌ 'skønə saj]
sich entschuldigen	at undskylde sig	[ʌ 'ɔnˌskylʾə saj]

sich interessieren	at interessere sig	[ʌ entʁɐ'seʾʌ saj]
sich irren	at tage fejl	[ʌ 'tæʾ fajʾl]
sich setzen	at sætte sig	[ʌ 'sɛtə saj]

| sich weigern | at vægre sig | [ʌ 'vɛːjʁʌ saj] |
| spielen (vi, vt) | at lege | [ʌ 'lɑjə] |

sprechen (vi)	at tale	[ʌ 'tæːlə]
staunen (vi)	at blive forundret	[ʌ 'bliːə fʌ'ɔnʾdʁʌð]
stehlen (vt)	at stjæle	[ʌ 'stjɛːlə]
stoppen (vt)	at standse	[ʌ 'stansə]
suchen (vt)	at søge ...	[ʌ 'søːə ...]

16. Die wichtigsten Verben. Teil 4

täuschen (vt)	at snyde	[ʌ 'sny:ðə]
teilnehmen (vi)	at deltage	[ʌ 'delˌtæʔ]
übersetzen (Buch usw.)	at oversætte	[ʌ 'ɒwʌˌsɛtə]
unterschätzen (vt)	at undervurdere	[ʌ 'ɔnʌvuʁ'deʔʌ]
unterschreiben (vt)	at underskrive	[ʌ 'ɔnʌˌskʁiʔvə]
vereinigen (vt)	at forene	[ʌ fʌ'enə]
vergessen (vt)	at glemme	[ʌ 'glɛmə]
vergleichen (vt)	at sammenligne	[ʌ 'samənˌliʔnə]
verkaufen (vt)	at sælge	[ʌ 'sɛljə]
verlangen (vt)	at kræve	[ʌ 'kʁɛ:və]
versäumen (vt)	at forsømme	[ʌ fʌ'sœmʔə]
versprechen (vt)	at love	[ʌ 'lɔ:və]
verstecken (vt)	at gemme	[ʌ 'gɛmə]
verstehen (vt)	at forstå	[ʌ fʌ'stɔʔ]
versuchen (vt)	at prøve	[ʌ 'pʁœ:wə]
verteidigen (vt)	at forsvare	[ʌ fʌ'svɑʔɑ]
vertrauen (vi)	at stole på	[ʌ 'stɔ:lə pɔʔ]
verwechseln (vt)	at forveksle	[ʌ fʌ'vɛkslə]
verzeihen (vi, vt)	at tilgive	[ʌ 'telˌgiʔ]
verzeihen (vt)	at tilgive	[ʌ 'telˌgiʔ]
voraussehen (vt)	at forudse	[ʌ 'fɒuðˌseʔ]
vorschlagen (vt)	at foreslå	[ʌ 'fɒ:ɒˌslɔʔ]
vorziehen (vt)	at foretrække	[ʌ fɒ'ɒ'tʁakə]
wählen (vt)	at vælge	[ʌ 'vɛljə]
warnen (vt)	at advare	[ʌ 'aðˌvɑʔɑ]
warten (vi)	at vente	[ʌ 'vɛntə]
weinen (vi)	at græde	[ʌ 'gʁa:ðə]
wissen (vt)	at vide	[ʌ 'vi:ðə]
Witz machen	at spøge	[ʌ 'spø:jə]
wollen (vt)	at ville	[ʌ 'vilə]
zahlen (vt)	at betale	[ʌ be'tæʔlə]
zeigen (jemandem etwas)	at vise	[ʌ 'vi:sə]
zu Abend essen	at spise aftensmad	[ʌ 'spi:sə 'aftənsˌmað]
zu Mittag essen	at spise frokost	[ʌ 'spi:sə 'fʁɔkʌst]
zubereiten (vt)	at lave	[ʌ 'læ:və]
zustimmen (vi)	at samtykke	[ʌ 'samˌtykə]
zweifeln (vi)	at tvivle	[ʌ 'tviwlə]

ZEIT. KALENDER

T&P Books Publishing

17. Wochentage

Montag (m)	mandag (f)	['man'da]
Dienstag (m)	tirsdag (f)	['tiɐ̯'sda]
Mittwoch (m)	onsdag (f)	['ɔn'sda]
Donnerstag (m)	torsdag (f)	['tɒ'sda]
Freitag (m)	fredag (f)	['fʁɛ'da]
Samstag (m)	lørdag (f)	['lœɐ̯da]
Sonntag (m)	søndag (f)	['sœn'da]
heute	i dag	[i 'dæˀ]
morgen	i morgen	[i 'mɒːɒn]
übermorgen	i overmorgen	[i 'ɒwʌˌmɒːɒn]
gestern	i går	[i 'gɒˀ]
vorgestern	i forgårs	[i 'fɒːˌgɒˀs]
Tag (m)	dag (f)	['dæˀ]
Arbeitstag (m)	arbejdsdag (f)	['ɑːbɑjdsˌdæˀ]
Feiertag (m)	festdag (f)	['fɛstˌdæˀ]
freier Tag (m)	fridag (f)	['fʁidæˀ]
Wochenende (n)	weekend (f)	['wiːˌkɛnd]
den ganzen Tag	hele dagen	['heːlə 'dæˀən]
am nächsten Tag	næste dag	['nɛstə dæˀ]
zwei Tage vorher	for to dage siden	[fʌ toˀ 'dæˀə 'siðən]
am Vortag	dagen før	['dæˀən fʌ]
täglich (Adj)	daglig	['dɑwli]
täglich (Adv)	hver dag	['vɛɐ̯ 'dæˀ]
Woche (f)	uge (f)	['uːə]
letzte Woche	sidste uge	[i 'sistə 'uːə]
nächste Woche	i næste uge	[i 'nɛstə 'uːə]
wöchentlich (Adj)	ugentlig	['uːəntli]
wöchentlich (Adv)	hver uge	['vɛɐ̯ 'uːə]
zweimal pro Woche	to gange om ugen	['toː 'gɑŋə ɒm 'uːən]
jeden Dienstag	hver tirsdag	['vɛɐ̯ ˌtiɐ̯'sda]

18. Stunden. Tag und Nacht

Morgen (m)	morgen (f)	['mɒːɒn]
morgens	om morgenen	[ʌm 'mɒːɒnən]
Mittag (m)	middag (f)	['meda]
nachmittags	om eftermiddagen	[ʌm 'ɛftʌmeˌdæˀən]
Abend (m)	aften (f)	['ɑftən]

abends	om aftenen	[ʌm ˈɑftənən]
Nacht (f)	nat (f)	[ˈnat]
nachts	om natten	[ʌm ˈnatən]
Mitternacht (f)	midnat (f)	[ˈmið͵nat]
Sekunde (f)	sekund (i)	[seˈkɔnˀd]
Minute (f)	minut (i)	[meˈnut]
Stunde (f)	time (f)	[ˈtiːmə]
eine halbe Stunde	en halv time	[en ˈhalˀ ˈtiːmə]
Viertelstunde (f)	kvart (i)	[ˈkvɑːt]
fünfzehn Minuten	femten minutter	[ˈfɛmtən meˈnutʌ]
Tag und Nacht	døgn (i)	[ˈdʌjˀn]
Sonnenaufgang (m)	solopgang (f)	[ˈsoːl ˈʌp͵gɑŋˀ]
Morgendämmerung (f)	daggry (i)	[ˈdɑw͵gʁyː]
früher Morgen (m)	tidlig morgen (f)	[ˈtiðli ˈmɒːɒn]
Sonnenuntergang (m)	solnedgang (f)	[ˈsoːl ˈneð͵gɑŋˀ]
früh am Morgen	tidligt om morgenen	[ˈtiðlit ʌm ˈmɒːɒnən]
heute Morgen	i morges	[i ˈmɒːɒs]
morgen früh	i morgen tidlig	[i ˈmɒːɒn ˈtiðli]
heute Mittag	i eftermiddag	[i ˈɛftʌme͵dæˀ]
nachmittags	om eftermiddagen	[ʌm ˈɛftʌme͵dæˀən]
morgen Nachmittag	i morgen eftermiddag	[i ˈmɒːɒn ˈɛftʌme͵dæˀ]
heute Abend	i aften	[i ˈɑftən]
morgen Abend	i morgen aften	[i ˈmɒːɒn ˈɑftən]
Punkt drei Uhr	klokken tre præcis	[ˈklʌkən tʁɛ pʁɛˈsiˀs]
gegen vier Uhr	ved fire tiden	[ve ˈfiˀʌ ˈtiðən]
um zwölf Uhr	ved 12-tiden	[ve ˈtʌl ˈtiðən]
in zwanzig Minuten	om 20 minutter	[ʌm ˈtyːvə meˈnutʌ]
in einer Stunde	om en time	[ʌm en ˈtiːmə]
rechtzeitig (Adv)	i tide	[i ˈtiːðə]
Viertel vor …	kvart i …	[ˈkvɑːt i …]
innerhalb einer Stunde	inden for en time	[ˈenənˈfʌ en ˈtiːmə]
alle fünfzehn Minuten	hvert 15 minut	[ˈvɛˀt̞ ˈfɛmtən meˈnut]
Tag und Nacht	døgnet rundt	[ˈdʌjnəð ˈʁɔnˀt]

19. Monate. Jahreszeiten

Januar (m)	januar (f)	[ˈjanu͵ɑˀ]
Februar (m)	februar (f)	[ˈfebʁu͵ɑˀ]
März (m)	marts (f)	[ˈmɑːts]
April (m)	april (f)	[aˈpʁiˀl]
Mai (m)	maj (f)	[ˈmɑjˀ]
Juni (m)	juni (f)	[ˈjuˀni]

Juli (m)	juli (f)	['juˀli]
August (m)	august (f)	[aw'gɔst]
September (m)	september (f)	[sep'tɛmˀbʌ]
Oktober (m)	oktober (f)	[ok'toˀbʌ]
November (m)	november (f)	[no'vɛmˀbʌ]
Dezember (m)	december (f)	[de'sɛmˀbʌ]
Frühling (m)	forår (i)	['fɔːˌɒˀ]
im Frühling	om foråret	[ʌm 'fɔːˌɒˀð]
Frühlings-	forårs-	['fɔːɒs-]
Sommer (m)	sommer (f)	['sʌmʌ]
im Sommer	om sommeren	[ʌm 'sʌmʌən]
Sommer-	sommer-	['sʌmʌ-]
Herbst (m)	efterår (i)	['ɛftʌˌɒˀ]
im Herbst	om efteråret	[ʌm 'ɛftʌˌɒˀð]
Herbst-	efterårs-	['ɛftʌˌɒs-]
Winter (m)	vinter (f)	['venˀtʌ]
im Winter	om vinteren	[ʌm 'venˀtʌən]
Winter-	vinter-	['ventʌ-]
Monat (m)	måned (f)	['mɔːnəð]
in diesem Monat	i denne måned	[i 'dɛnə 'mɔːnəð]
nächsten Monat	næste måned	['nɛstə 'mɔːnəð]
letzten Monat	sidste måned	['sistə 'mɔːnəð]
vor einem Monat	for en måned siden	[fʌ en 'mɔːnəð 'siðən]
über eine Monat	om en måned	[ʌm en 'mɔːnəð]
in zwei Monaten	om 2 måneder	[ʌm to 'mɔːnəðʌ]
den ganzen Monat	hele måneden	['heːlə 'mɔːnəðən]
monatlich (Adj)	månedlig	['mɔːnəðli]
monatlich (Adv)	månedligt	['mɔːnəðlit]
jeden Monat	hver måned	['vɛɐ̯ 'mɔːnəð]
zweimal pro Monat	to gange om måneden	['to: 'ɡɑŋə ɒm 'mɔːnəðən]
Jahr (n)	år (i)	['ɒˀ]
dieses Jahr	i år	[i 'ɒˀ]
nächstes Jahr	næste år	['nɛstə ɒˀ]
voriges Jahr	i fjor	[i 'fjoˀɐ̯]
vor einem Jahr	for et år siden	[fʌ ed ɒˀ 'siðən]
in einem Jahr	om et år	[ʌm et 'ɒˀ]
in zwei Jahren	om 2 år	[ʌm to 'ɒˀ]
das ganze Jahr	hele året	['heːlə 'ɒːɒð]
jedes Jahr	hvert år	['vɛˀɐ̯t ɒˀ]
jährlich (Adj)	årlig	['ɒːli]
jährlich (Adv)	årligt	['ɒːlit]
viermal pro Jahr	fire gange om året	['fiˀʌ 'ɡɑŋə ɒm 'ɒːɒð]

Datum (heutige ~)	**dato** (f)	['dæ:to]
Datum (Geburts-)	**dato** (f)	['dæ:to]
Kalender (m)	**kalender** (f)	[ka'lɛnˀʌ]
ein halbes Jahr	**et halvt år**	[et halˀt 'ɒˀ]
Halbjahr (n)	**halvår** (i)	['halvˌɒˀ]
Saison (f)	**årstid** (f)	['ɒːsˌtiðˀ]
Jahrhundert (n)	**århundrede** (i)	[ɒ'hunʁʌðə]

REISEN. HOTEL

USD CAD
EUR CHF
JPY HKD
GBP CNY

RECEPTION

T&P Books Publishing

Tourismus (m)	turisme (f)	[tuˈʁismə]
Tourist (m)	turist (m)	[tuˈʁist]
Reise (f)	rejse (f)	[ˈʁɑjsə]
Abenteuer (n)	eventyr (i)	[ˈɛːvənˌtyɐ̯ˀ]
Fahrt (f)	rejse (f)	[ˈʁɑjsə]
Urlaub (m)	ferie (f)	[ˈfeɐ̯ˀiə]
auf Urlaub sein	at holde ferie	[ʌ ˈhʌlə ˈfeɐ̯ˀiə]
Erholung (f)	ophold (i), hvile (f)	[ˈʌpˌhʌlˀ], [ˈviːlə]
Zug (m)	tog (i)	[ˈtɔˀw]
mit dem Zug	med tog	[mɛ ˈtɔˀw]
Flugzeug (n)	fly (i)	[ˈflyˀ]
mit dem Flugzeug	med fly	[mɛ ˈflyˀ]
mit dem Auto	med bil	[mɛ ˈbiˀl]
mit dem Schiff	med skib	[mɛ ˈskiˀb]
Gepäck (n)	bagage (f)	[baˈgæːɕə]
Koffer (m)	kuffert (f)	[ˈkɔfʌt]
Gepäckwagen (m)	bagagevogn (f)	[baˈgæːɕəˌvɒwˀn]
Pass (m)	pas (i)	[ˈpas]
Visum (n)	visum (i)	[ˈviːsɔm]
Fahrkarte (f)	billet (f)	[biˈlɛt]
Flugticket (n)	flybillet (f)	[ˈfly biˈlɛt]
Reiseführer (m)	rejsehåndbog (f)	[ˈʁɑjsəˌhʌnbɔˀw]
Landkarte (f)	kort (i)	[ˈkɒːt]
Gegend (f)	område (i)	[ˈʌmˌʁɔːðə]
Ort (wunderbarer ~)	sted (i)	[ˈstɛð]
exotisch	eksotisk	[ɛkˈsoˀtisk]
erstaunlich (Adj)	forunderlig	[fʌˈɔnˀˈʌli]
Gruppe (f)	gruppe (f)	[ˈgʁupə]
Ausflug (m)	udflugt (f)	[ˈuðˌflɔgt]
Reiseleiter (m)	guide (f)	[ˈgɑjd]

Hotel (n)	hotel (i)	[hoˈtɛlˀ]
Motel (n)	motel (i)	[moˈtɛlˀ]

drei Sterne	trestjernet	['tʁɛˌstjæɐ̯ˀnəð]
fünf Sterne	femstjernet	['fɛmˌstjæɐ̯ˀnəð]
absteigen (vi)	at bo	[ʌ 'boˀ]

Hotelzimmer (n)	værelse (i)	['væɐ̯ʌlsə]
Einzelzimmer (n)	enkeltværelse (i)	['ɛŋˀkəltˌvæɐ̯ʌlsə]
Zweibettzimmer (n)	dobbeltværelse (i)	['dʌbəltˌvæɐ̯ʌlsə]
reservieren (vt)	at booke et værelse	[ʌ 'bukə et 'væɐ̯ʌlsə]

| Halbpension (f) | halvpension (f) | ['halˀ paŋˌɕoˀn] |
| Vollpension (f) | helpension (f) | ['heˀl paŋˌɕoˀn] |

mit Bad	med badekar	[mɛ 'bæːðəˌka]
mit Dusche	med brusebad	[mɛ 'bʁuːsəˌbað]
Satellitenfernsehen (n)	satellit-tv (i)	[satə'lit 'teˀˌveˀ]
Klimaanlage (f)	klimaanlæg (i)	['kliːmaˀanˌlɛˀg]
Handtuch (n)	håndklæde (i)	['hʌnˌklɛːðə]
Schlüssel (m)	nøgle (f)	['nʌjlə]

Verwalter (m)	administrator (f)	[aðminiˈstʁaːtʌ]
Zimmermädchen (n)	stuepige (f)	['stuəˌpiːə]
Träger (m)	drager (f)	['dʁaːwʌ]
Portier (m)	portier (f)	[pɒ'tje]

Restaurant (n)	restaurant (f)	[ʁɛstoˈʁɑŋ]
Bar (f)	bar (f)	['bɑˀ]
Frühstück (n)	morgenmad (f)	['mɒːɒnˌmað]
Abendessen (n)	aftensmad (f)	['ɑftənsˌmað]
Buffet (n)	buffet (f)	[by'fe]

| Foyer (n) | hall, lobby (f) | ['hɒːl], ['lʌbi] |
| Aufzug (m), Fahrstuhl (m) | elevator (f) | [eləˈvæːtʌ] |

| BITTE NICHT STÖREN! | **VIL IKKE FORSTYRRES** | ['vel 'ekə fʌˈstyɐ̯ˀʌs] |
| RAUCHEN VERBOTEN! | **RYGNING FORBUDT** | ['ʁyːneŋ fʌˈbyˀð] |

22. Sehenswürdigkeiten

Denkmal (n)	monument (i)	[monuˈmɛnˀt]
Festung (f)	fæstning (f)	['fɛstneŋ]
Palast (m)	palads (i)	[paˈlas]
Schloss (n)	slot (i), borg (f)	['slʌt], ['bɒˀw]
Turm (m)	tårn (i)	['tɒˀn]
Mausoleum (n)	mausoleum (i)	[mɑwsoˈlɛːɔm]

Architektur (f)	arkitektur (f)	[ɑkitɛkˈtuɐ̯ˀ]
mittelalterlich	middelalderlig	['miðəlˌalˀʌli]
alt (antik)	gammel	['gaməl]
national	national	[naɕoˈnæˀl]
berühmt	kendt, berømt	['kɛnˀt], [beˈʁœmˀt]

Tourist (m)	**turist** (f)	[tuˈʁist]
Fremdenführer (m)	**guide** (f)	[ˈgɑjd]
Ausflug (m)	**udflugt** (f)	[ˈuðˌflɔgt]
zeigen (vt)	**at vise**	[ʌ ˈviːsə]
erzählen (vt)	**at fortælle**	[ʌ fʌˈtɛlˀə]
finden (vt)	**at finde**	[ʌ ˈfenə]
sich verlieren	**at gå vild**	[ʌ gɔˀ ˈvilˀ]
Karte (U-Bahn ~)	**kort** (i)	[ˈkɒːt]
Karte (Stadt-)	**kort** (i)	[ˈkɒːt]
Souvenir (n)	**souvenir** (f)	[suvəˈniːɐ̯]
Souvenirladen (m)	**souvenirforretning** (f)	[suvəˈniːɐ̯ fʌˈʁatnen]
fotografieren (vt)	**at fotografere**	[ʌ fotogʁɑˈfeˀʌ]
sich fotografieren	**at blive fotograferet**	[ʌ ˈbliːə fotogʁɑːˈfeˀʌð]

T&P BOOKS

TRANSPORT

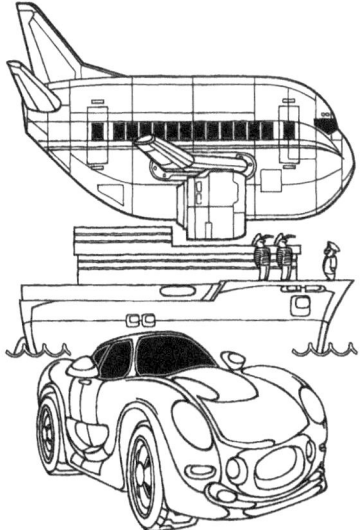

T&P Books Publishing

Flughafen (m)	**lufthavn** (f)	['lɔft‚hɑwˀn]
Flugzeug (n)	**fly** (i)	['flyˀ]
Fluggesellschaft (f)	**flyselskab** (i)	['flyˀsɛl‚skæˀb]
Fluglotse (m)	**flyveleder** (f)	['fly:və‚le:ðʌ]
Abflug (m)	**afgang** (f)	['ɑw‚gɑŋˀ]
Ankunft (f)	**ankomst** (f)	['an‚kʌmˀst]
anfliegen (vi)	**at ankomme**	[ʌ 'an‚kʌmˀə]
Abflugzeit (f)	**afgangstid** (f)	['ɑwgɑŋs‚tiðˀ]
Ankunftszeit (f)	**ankomsttid** (f)	['ankʌmˀst‚tið]
sich verspäten	**at blive forsinke**	[ʌ 'bli:ə fʌ'senˀkə]
Abflugverspätung (f)	**afgangsforsinkelse** (f)	['ɑw‚gɑŋs fʌ'seŋkəlsə]
Anzeigetafel (f)	**informationstavle** (f)	[enfɒma'çɔns ‚tɑwlə]
Information (f)	**information** (f)	[enfɒma'çoˀn]
ankündigen (vt)	**at meddele**	[ʌ 'mɛð‚de'lə]
Flug (m)	**flight** (f)	['flɑjt]
Zollamt (n)	**told** (f)	['tʌlˀ]
Zollbeamter (m)	**toldbetjent** (f)	['tʌl be'tjɛnˀt]
Zolldeklaration (f)	**tolddeklaration** (f)	['tʌl deklɑɑ‚çoˀn]
ausfüllen (vt)	**at udfylde**	[ʌ 'uð‚fylˀə]
die Zollerklärung ausfüllen	**at udfylde**	[ʌ 'uð‚fylˀə
	en tolddeklaration	en 'tʌlˀdeklɑɑ'çoˀn]
Passkontrolle (f)	**paskontrol** (f)	['paskɔn‚tʁʌlˀ]
Gepäck (n)	**bagage** (f)	[ba'gæ:çə]
Handgepäck (n)	**håndbagage** (f)	['hʌn ba'gæ:çə]
Kofferkuli (m)	**bagagevogn** (f)	[ba'gæ:çə‚vɒwˀn]
Landung (f)	**landing** (f)	['laneŋ]
Landebahn (f)	**landingsbane** (f)	['laneŋs‚bæ:nə]
landen (vi)	**at lande**	[ʌ 'lanə]
Fluggasttreppe (f)	**trappe** (f)	['tʁɑpə]
Check-in (n)	**check-in** (f)	[tjɛk'en]
Check-in-Schalter (m)	**check-in-skranke** (f)	[tjɛk'en‚skʁaŋkə]
sich registrieren lassen	**at tjekke ind**	[ʌ 'tjɛkə 'enˀ]
Bordkarte (f)	**boardingkort** (i)	['bɔ:deŋ‚kɔ:t]
Abfluggate (n)	**gate** (f)	['gɛjt]
Transit (m)	**transit** (f)	[tʁan'sit]

warten (vi)	**at vente**	[ʌ 'vɛntə]
Wartesaal (m)	**ventesal** (f)	['vɛntə‚sæˀl]
begleiten (vt)	**at vinke farvel**	[ʌ 'veŋkə fɑ'vɛl]
sich verabschieden	**at sige farvel**	[ʌ 'si: fɑ'vɛl]

24. Flugzeug

Flugzeug (n)	**fly** (i)	['flyˀ]
Flugticket (n)	**flybillet** (f)	['fly bi'lɛt]
Fluggesellschaft (f)	**flyselskab** (i)	['flyˀsɛl‚skæˀb]
Flughafen (m)	**lufthavn** (f)	['lɔft‚hawˀn]
Überschall-	**overlyds-**	['ɒwʌ‚lyðs-]
Flugkapitän (m)	**kaptajn** (f)	[kɑp'tajˀn]
Besatzung (f)	**besætning** (f)	[be'sɛtneŋ]
Pilot (m)	**pilot** (f)	[pi'loˀt]
Flugbegleiterin (f)	**stewardesse** (f)	[stjuɑ'dɛsə]
Steuermann (m)	**styrmand** (f)	['styɐ̯‚manˀ]
Flügel (pl)	**vinger** (f pl)	['veŋʌ]
Schwanz (m)	**hale** (f)	['hæ:lə]
Kabine (f)	**cockpit** (i)	['kʌk‚pit]
Motor (m)	**motor** (f)	['mo:tʌ]
Fahrgestell (n)	**landingshjul** (i)	['laneŋsjuˀl]
Turbine (f)	**turbine** (f)	[tuɐ̯'bi:nə]
Propeller (m)	**propel** (f)	[pʁo'pɛlˀ]
Flugschreiber (m)	**sort boks** (f)	['soɐ̯t 'bʌks]
Steuerrad (n)	**rat** (i)	['ʁat]
Treibstoff (m)	**brændstof** (i)	['bʁan‚stʌf]
Sicherheitskarte (f)	**sikkerhedsinstruks** (f)	['sekʌ‚heðˀ en'stʁuks]
Sauerstoffmaske (f)	**iltmaske** (f)	['ilt‚maskə]
Uniform (f)	**uniform** (f)	[uni'foˀm]
Rettungsweste (f)	**redningsvest** (f)	['ʁɛðneŋs‚vɛst]
Fallschirm (m)	**faldskærm** (f)	['fal‚skæɐ̯ˀm]
Abflug, Start (m)	**start** (f)	['stɑˀt]
starten (vi)	**at lette**	[ʌ 'lɛtə]
Startbahn (f)	**startbane** (f)	['stɑ:t‚bæ:nə]
Sicht (f)	**sigtbarhed** (f)	['segtbɑ‚heðˀ]
Flug (m)	**flyvning** (f)	['flywneŋ]
Höhe (f)	**højde** (f)	['hʌjˀdə]
Luftloch (n)	**lufthul** (i)	['lɔft‚hol]
Platz (m)	**plads** (f)	['plas]
Kopfhörer (m)	**hovedtelefoner** (f pl)	['ho:əð telə'foˀnʌ]
Klapptisch (m)	**klapbord** (i)	['klɑp‚boˀɐ̯]
Bullauge (n)	**vindue** (i)	['vendu]
Durchgang (m)	**midtergang** (f)	['metʌ‚gaŋˀ]

25. Zug

Zug (m)	tog (i)	['tɔˀw]
elektrischer Zug (m)	lokaltog (i)	[lo'kæˀl̩tɔˀw]
Schnellzug (m)	lyntog, eksprestog (i)	['ly:n̩tɔˀw], [ɛks'pʁas̩tɔˀw]
Diesellok (f)	diesellokomotiv (i)	['diˀsəl lokomo'tiwˀ]
Dampflok (f)	damplokomotiv (i)	['damp lokomo'tiwˀ]

Personenwagen (m)	vogn (f)	['vɒwˀn]
Speisewagen (m)	spisevogn (f)	['spi:sə͜vɒwˀn]

Schienen (pl)	skinner (f pl)	['skenʌ]
Eisenbahn (f)	jernbane (f)	['jæɐ̯ˀn͜bæ:nə]
Bahnschwelle (f)	svelle (f)	['svɛlə]

Bahnsteig (m)	perron (f)	[pa'ʁʌŋ]
Gleis (n)	spor (i)	['spoˀɐ̯]
Eisenbahnsignal (n)	semafor (f)	[sema'foˀɐ̯]
Station (f)	station (f)	[sta'ɕoˀn]

Lokomotivführer (m)	togfører (f)	['tɔw͜føːʌ]
Träger (m)	drager (f)	['dʁɑːwʌ]
Schaffner (m)	togbetjent (f)	['tɔw be'tjɛnˀt]
Fahrgast (m)	passager (f)	[pasa'ɕeˀɐ̯]
Fahrkartenkontrolleur (m)	kontrollør (f)	[kʌntʁo'løˀɐ̯]

Flur (m)	korridor (f)	[kɒi'doˀɐ̯]
Notbremse (f)	nødbremse (f)	['nøð͜bʁamsə]

Abteil (n)	kupe, kupé (f)	[ku'peˀ]
Liegeplatz (m), Schlafkoje (f)	køje (f)	['kʌjə]
oberer Liegeplatz (m)	overkøje (f)	['ɒwʌ͜kʌjə]
unterer Liegeplatz (m)	underkøje (f)	['ɔnʌ͜kʌjə]
Bettwäsche (f)	sengetøj (i)	['sɛŋə͜tʌj]

Fahrkarte (f)	billet (f)	[bi'lɛt]
Fahrplan (m)	køreplan (f)	['køːʌ͜plæˀn]
Anzeigetafel (f)	informationstavle (f)	[enfɒma'ɕons ͜tɑwlə]

abfahren (der Zug)	at afgå	[ʌ 'ɑw͜gɔˀ]
Abfahrt (f)	afgang (f)	['ɑw͜gɑŋˀ]
ankommen (der Zug)	at ankomme	[ʌ 'an͜kʌmˀə]
Ankunft (f)	ankomst (f)	['an͜kʌmˀst]

mit dem Zug kommen	at ankomme med toget	[ʌ 'an͜kʌmˀə mɛ 'tɔˀwəð]
in den Zug einsteigen	at stå på toget	[ʌ 'sti:ə pɒ 'tɔˀwəð]
aus dem Zug aussteigen	at stå af toget	[ʌ 'sti:ə a 'tɔˀwəð]

Zugunglück (n)	togulykke (f)	['tɔw u͜løkə]
entgleisen (vi)	at afspore	[ʌ 'ɑw͜spoˀʌ]
Dampflok (f)	damplokomotiv (i)	['damp lokomo'tiwˀ]

Heizer (m)	fyrbøder (f)	['fyɐ̯ˌbøðʌ]
Feuerbüchse (f)	fyrrum (i)	['fyɐ̯ˌʁɔmˀ]
Kohle (f)	kul (i)	['kɔl]

26. Schiff

| Schiff (n) | skib (i) | ['skiˀb] |
| Fahrzeug (n) | fartøj (i) | ['fɑːˌtʌj] |

Dampfer (m)	dampskib (i)	['dɑmpˌskiˀb]
Motorschiff (n)	flodbåd (f)	['floðˌbɔˀð]
Kreuzfahrtschiff (n)	cruiseskib (i)	['kʁuːsˌskiˀb]
Kreuzer (m)	krydser (f)	['kʁysʌ]

Jacht (f)	yacht (f)	['jɑgt]
Schlepper (m)	bugserbåd (f)	[bug'seɐ̯ˌbɔˀð]
Lastkahn (m)	pram (f)	['pʁɑmˀ]
Fähre (f)	færge (f)	['fæɐ̯wə]

| Segelschiff (n) | sejlbåd (f) | ['sɑjlˌbɔˀð] |
| Brigantine (f) | brigantine (f) | [bʁigan'tiːnə] |

| Eisbrecher (m) | isbryder (f) | ['isˌbʁyðʌ] |
| U-Boot (n) | u-båd (f) | ['uˀˌbɔð] |

Boot (n)	båd (f)	['bɔˀð]
Dingi (n), Beiboot (n)	jolle (f)	['jʌlə]
Rettungsboot (n)	redningsbåd (f)	['ʁɛðneŋsˌbɔˀð]
Motorboot (n)	motorbåd (f)	['moːtʌˌbɔˀð]

Kapitän (m)	kaptajn (f)	[kɑp'tɑjˀn]
Matrose (m)	matros (f)	[ma'tʁoˀs]
Seemann (m)	sømand (f)	['søˌmanˀ]
Besatzung (f)	besætning (f)	[be'sɛtneŋ]

Bootsmann (m)	bådsmand (f)	['bɔðsˌmanˀ]
Schiffsjunge (m)	skibsdreng, jungmand (f)	['skibsˌdʁaŋ], ['jɔŋˌmanˀ]
Schiffskoch (m)	kok (f)	['kʌk]
Schiffsarzt (m)	skibslæge (f)	['skibsˌlɛːjə]

Deck (n)	dæk (i)	['dɛk]
Mast (m)	mast (f)	['mast]
Segel (n)	sejl (i)	['sɑjˀl]

Schiffsraum (m)	lastrum (i)	['lastˌʁɔmˀ]
Bug (m)	bov (f)	['bɒwˀ]
Heck (n)	agterende (f)	['ɑgtʌˌʁanə]
Ruder (n)	åre (f)	['ɒːɒ]
Schraube (f)	propel (f)	[pʁo'pɛlˀ]
Kajüte (f)	kahyt (f)	[ka'hyt]

Messe (f)	officersmesse (f)	[ʌfi'seɐ̯s ˌmɛsə]
Maschinenraum (m)	maskinrum (i)	[ma'skiːnˌʁɔmˀ]
Kommandobrücke (f)	kommandobro (f)	[kɒ'mandoˌbʁoˀ]
Funkraum (m)	radiorum (i)	['ʁadjoˌʁɔmˀ]
Radiowelle (f)	bølge (f)	['bøljə]
Schiffstagebuch (n)	logbog (f)	['lʌgˌbɔˀw]
Fernrohr (n)	kikkert (f)	['kikʌt]
Glocke (f)	klokke (f)	['klʌkə]
Fahne (f)	flag (i)	['flæˀj]
Seil (n)	trosse (f)	['tʁʌsə]
Knoten (m)	knob (i)	['knoˀb]
Geländer (n)	håndlister (pl)	['hʌnˌlestʌ]
Treppe (f)	landgang (f)	['lanˌgaŋˀ]
Anker (m)	anker (i)	['aŋkʌ]
den Anker lichten	at lette anker	[ʌ 'lɛtə 'aŋkʌ]
Anker werfen	at kaste anker	[ʌ 'kastə 'aŋkʌ]
Ankerkette (f)	ankerkæde (f)	['aŋkʌˌkɛːðə]
Hafen (m)	havn (f)	['hawˀn]
Anlegestelle (f)	kaj (f)	['kajˀ]
anlegen (vi)	at fortøje	[ʌ fʌ'tʌjˀə]
abstoßen (vt)	at kaste los	[ʌ 'kastə 'lʌs]
Reise (f)	rejse (f)	['ʁajsə]
Kreuzfahrt (f)	krydstogt (i)	['kʁysˌtʌgt]
Kurs (m), Richtung (f)	kurs (f)	['kuɐ̯ˀs]
Reiseroute (f)	rute (f)	['ʁuːtə]
Fahrwasser (n)	sejlrende (f)	['sɑjlˌʁanə]
Untiefe (f)	grund (f)	['gʁɔnˀ]
stranden (vi)	at gå på grund	[ʌ 'gɔˀ pɔ 'gʁɔnˀ]
Sturm (m)	storm (f)	['stɒˀm]
Signal (n)	signal (i)	[si'næˀl]
untergehen (vi)	at synke	[ʌ 'søŋkə]
Mann über Bord!	Mand over bord!	['manˀ 'ɒwʌ ˌboˀɐ̯]
SOS	SOS	[ɛso'ɛs]
Rettungsring (m)	redningskrans (f)	['ʁɛðneŋsˌkʁanˀs]

BOOKS

STADT

T&P Books Publishing

Bus (m)	**bus** (f)	['bus]
Straßenbahn (f)	**sporvogn** (f)	['spoɐ̯ˌvɒwʔn]
Obus (m)	**trolleybus** (f)	['tʁʌliˌbus]
Linie (f)	**rute** (f)	['ʁuːtə]
Nummer (f)	**nummer** (i)	['nɔmʔʌ]
mit ... fahren	**at køre på ...**	[ʌ 'køːʌ 'pɔʔ ...]
einsteigen (vi)	**at stå på ...**	[ʌ stɔʔ 'pɔʔ ...]
aussteigen (aus dem Bus)	**at stå af ...**	[ʌ stɔʔ 'æʔ ...]
Haltestelle (f)	**stop, stoppested** (i)	['stʌp], ['stʌpəstɛð]
nächste Haltestelle (f)	**næste station** (f)	['nɛstə staˈɕoʔn]
Endhaltestelle (f)	**endestation** (f)	['ɛnəstaˈɕoʔn]
Fahrplan (m)	**køreplan** (f)	['køːʌˌplæʔn]
warten (vi, vt)	**at vente**	[ʌ 'vɛntə]
Fahrkarte (f)	**billet** (f)	[biˈlɛt]
Fahrpreis (m)	**billetpris** (f)	[biˈlɛtˌpʁiʔs]
Kassierer (m)	**kasserer** (f)	[kaˈseʔʌ]
Fahrkartenkontrolle (f)	**billetkontrol** (f)	[biˈlɛt kɔnˈtʁʌlʔ]
Fahrkartenkontrolleur (m)	**kontrollør** (f)	[kʌntʁoˈløʔɐ̯]
sich verspäten	**at komme for sent**	[ʌ 'kʌmə fʌ 'seʔnt]
versäumen (Zug usw.)	**at komme for sent til ...**	[ʌ 'kʌmə fʌ 'seʔnt tel ...]
sich beeilen	**at skynde sig**	[ʌ 'skønə saj]
Taxi (n)	**taxi** (f)	['tɑksi]
Taxifahrer (m)	**taxichauffør** (f)	['tɑksi ɕoˈføʔɐ̯]
mit dem Taxi	**i taxi**	[i 'tɑksi]
Taxistand (m)	**taxiholdeplads** (f)	['tɑksi 'hʌləˌplas]
ein Taxi rufen	**at bestille en taxi**	[ʌ beˈstelʔə en 'tɑksi]
ein Taxi nehmen	**at tage en taxi**	[ʌ 'tæʔ en 'tɑksi]
Straßenverkehr (m)	**trafik** (f)	[tʁɑˈfik]
Stau (m)	**trafikprop** (f)	[tʁɑˈfikˌpʁʌp]
Hauptverkehrszeit (f)	**myldretid** (f)	['mylʁʌˌtiðʔ]
parken (vi)	**at parkere**	[ʌ paˈkeʔʌ]
parken (vt)	**at parkere**	[ʌ paˈkeʔʌ]
Parkplatz (m)	**parkeringsplads** (f)	[paˈkeˈɐ̯eŋsˌplas]
U-Bahn (f)	**metro** (f)	['meːtʁo]
Station (f)	**station** (f)	[staˈɕoʔn]
mit der U-Bahn fahren	**at køre med metroen**	[ʌ 'køːʌ mɛ 'metʁoːən]

| Zug (m) | tog (i) | ['tɔˀw] |
| Bahnhof (m) | banegård (f) | ['bæ:nəˌɡɒˀ] |

28. Stadt. Leben in der Stadt

Stadt (f)	by (f)	['byˀ]
Hauptstadt (f)	hovedstad (f)	['ho:əðˌstað]
Dorf (n)	landsby (f)	['lansˌbyˀ]

Stadtplan (m)	bykort (i)	['byˌkɒ:t]
Stadtzentrum (n)	centrum (i) af byen	['sɛntʁɔm a 'byən]
Vorort (m)	forstad (f)	['fɔ:ˌstað]
Vorort-	forstads-	['fɔ:ˌstaðs-]

Stadtrand (m)	udkant (f)	['uðˌkanˀt]
Umgebung (f)	omegne (f pl)	['ʌmˌɑjˀnə]
Stadtviertel (n)	kvarter (i)	[kvɑ'teˀɐ̯]
Wohnblock (m)	boligkvarter (i)	['bo:likvɑ'teˀɐ̯]

Straßenverkehr (m)	trafik (f)	[tʁɑ'fik]
Ampel (f)	trafiklys (i)	[tʁɑ'fikˌlyˀs]
Stadtverkehr (m)	offentlig transport (f)	['ʌfəntli tʁɑns'pɒ:t]
Straßenkreuzung (f)	kryds (i. f)	['kʁys]

Übergang (m)	fodgængerovergang (f)	['foðɡɛŋʌ 'ɒwʌˌɡɑŋˀ]
Fußgängerunterführung (f)	gangtunnel (f)	['ɡɑŋtuˌnɛlˀ]
überqueren (vt)	at gå over	[ʌ ɡɔˀ 'ɒwˀʌ]
Fußgänger (m)	fodgænger (m)	['foðˌɡɛŋʌ]
Gehweg (m)	fortov (i)	['fɔ:ˌtɒw]

Brücke (f)	bro (f)	['bʁoˀ]
Kai (m)	kaj (f)	['kɑjˀ]
Springbrunnen (m)	springvand (i)	['spʁɛŋˌvanˀ]

Allee (f)	alle (f)	[a'leˀ]
Park (m)	park (f)	['pɑ:k]
Boulevard (m)	boulevard (f)	[bulə'vɑˀd]
Platz (m)	torv (i)	['tɒˀw]
Avenue (f)	avenue (f)	[avə'ny]
Straße (f)	gade (f)	['ɡæːðə]
Gasse (f)	sidegade (f)	['si:ðəˌɡæːðə]
Sackgasse (f)	blindgyde (f)	['blenˀˌɡy:ðə]

Haus (n)	hus (i)	['huˀs]
Gebäude (n)	bygning (f)	['bygnɛŋ]
Wolkenkratzer (m)	skyskraber (f)	['skyˌskʁɑ:bʌ]

Fassade (f)	facade (f)	[fa'sæːðə]
Dach (n)	tag (i)	['tæˀj]
Fenster (n)	vindue (i)	['vendu]

Bogen (m)	**bue** (f)	['bu:ə]
Säule (f)	**søjle** (f)	['sʌjlə]
Ecke (f)	**hjørne** (i)	['jœɐ̯'nə]
Schaufenster (n)	**udstillingsvindue** (i)	['uð̩stel'eŋs 'vendu]
Firmenschild (n)	**skilt** (i)	['skel'tʰ]
Anschlag (m)	**plakat** (f)	[pla'kæ'tʰ]
Werbeposter (m)	**reklameplakat** (f)	[ʁɛ'klæːmə̩pla'kæ'tʰ]
Werbeschild (n)	**reklameskilt** (i)	[ʁɛ'klæːmə̩skel'tʰ]
Müll (m)	**affald** (i)	['ɑw̩fal']
Mülleimer (m)	**skraldespand** (f)	['skʁɑlə̩span']
Abfall wegwerfen	**at smide affald**	[ʌ 'smi:ðə 'ɑw̩fal']
Mülldeponie (f)	**losseplads** (f)	['lʌsə̩plas]
Telefonzelle (f)	**telefonboks** (f)	[telə'fo:n̩bʌks]
Straßenlaterne (f)	**lygtepæl** (f)	['løgtə̩pɛ'l]
Bank (Park-)	**bænk** (f)	['bɛŋ'k]
Polizist (m)	**politibetjent** (f)	[poli'ti be'tjɛn'tʰ]
Polizei (f)	**politi** (i)	[poli'ti']
Bettler (m)	**tigger** (f)	['tegʌ]
Obdachlose (m)	**hjemløs** (f)	['jɛm̩lø's]

29. Innerstädtische Einrichtungen

Laden (m)	**forretning** (f), **butik** (f)	[fʌ'ʁatneŋ], [bu'tik]
Apotheke (f)	**apotek** (i)	[ɑpo'te'k]
Optik (f)	**optik** (f)	[ʌp'tik]
Einkaufszentrum (n)	**indkøbscenter** (i)	['en̩kø'bs ̩sɛn'tʌ]
Supermarkt (m)	**supermarked** (i)	['su'pʌ̩ma:kəð]
Bäckerei (f)	**bageri** (i)	[bæjʌ'ʁi']
Bäcker (m)	**bager** (f)	['bæːjʌ]
Konditorei (f)	**konditori** (i)	[kʌnditʌ'ʁi']
Lebensmittelladen (m)	**købmandsbutik** (f)	['kømans bu'tik]
Metzgerei (f)	**slagterbutik** (f)	['slɑgtʌ bu'tik]
Gemüseladen (m)	**grønthandel** (f)	['gʁœnt̩han'əl]
Markt (m)	**marked** (i)	['mɑ:kəð]
Kaffeehaus (n)	**cafe, kaffebar** (f)	[ka'fe'], ['kɑfə̩bɑ']
Restaurant (n)	**restaurant** (f)	[ʁɛsto'ʁɑn]
Bierstube (f)	**ølstue** (f)	['øl̩stu:ə]
Pizzeria (f)	**pizzeria** (i)	[pidsə'ʁi:a]
Friseursalon (m)	**frisørsalon** (f)	[fʁi'søɐ̯ sa̩lʌŋ]
Post (f)	**postkontor** (i)	['pʌst kɔn'to'ɐ̯]
chemische Reinigung (f)	**renseri** (i)	[ʁansʌ'ʁi']
Fotostudio (n)	**fotoatelier** (i)	['foto atəl'je]

Schuhgeschäft (n)	**skotøjsforretning** (f)	['skoˌtʌjs fʌˈʁatneŋ]
Buchhandlung (f)	**boghandel** (f)	['bɔwˌhanʔəl]
Sportgeschäft (n)	**sportsforretning** (f)	['spɔːts fʌˈʁatneŋ]
Kleiderreparatur (f)	**reparation** (f) **af tøj**	[ʁɛpʁɑˈɕoʔn a 'tʌj]
Bekleidungsverleih (m)	**udlejning** (f) **af tøj**	['uðˌlɑjˈneŋ a 'tʌj]
Videothek (f)	**filmleje** (f)	['filmˌlɑjə]
Zirkus (m)	**cirkus** (i)	['siɐ̯kus]
Zoo (m)	**zoologisk have** (f)	[sooˈloʔisk 'hæːvə]
Kino (n)	**biograf** (f)	[bioˈgʁɑʔf]
Museum (n)	**museum** (i)	[muˈsɛːɔm]
Bibliothek (f)	**bibliotek** (i)	[biblioˈteʔk]
Theater (n)	**teater** (i)	[teˈæʔtʌ]
Opernhaus (n)	**opera** (f)	['oʔpəʁɑ]
Nachtklub (m)	**natklub** (f)	['natˌklub]
Kasino (n)	**kasino** (i)	[kaˈsiːno]
Moschee (f)	**moske** (f)	[moˈskeʔ]
Synagoge (f)	**synagoge** (f)	[synaˈgoːə]
Kathedrale (f)	**katedral** (f)	[katəˈdʁɑʔl]
Tempel (m)	**tempel** (i)	['tɛmʔpəl]
Kirche (f)	**kirke** (f)	['kiɐ̯kə]
Institut (n)	**institut** (i)	[ensdiˈtut]
Universität (f)	**universitet** (i)	[univæɐ̯siˈteʔt]
Schule (f)	**skole** (f)	['skoːlə]
Präfektur (f)	**præfektur** (i)	[pʁɛfɛkˈtuɐ̯ʔ]
Rathaus (n)	**rådhus** (i)	['ʁɔðˌhuʔs]
Hotel (n)	**hotel** (i)	[hoˈtɛlʔ]
Bank (f)	**bank** (f)	['bɑŋʔk]
Botschaft (f)	**ambassade** (f)	[ɑmbaˈsæːðə]
Reisebüro (n)	**rejsebureau** (i)	['ʁɑjsə byˌʁo]
Informationsbüro (n)	**informationskontor** (i)	[enfɔmaˈɕons kɔnˈtoʔɐ̯]
Wechselstube (f)	**vekselkontor** (i)	['vɛksəl kɔnˈtoʔɐ̯]
U-Bahn (f)	**metro** (f)	['meːtʁo]
Krankenhaus (n)	**sygehus** (i)	['syːəˌhuʔs]
Tankstelle (f)	**tankstation** (f)	['tɑŋk staˈɕoʔon]
Parkplatz (m)	**parkeringsplads** (f)	[pɑˈkeʔɡeŋsˌplas]

30. Schilder

Firmenschild (n)	**skilt** (i)	['skelʔt]
Aufschrift (f)	**indskrift** (f)	['enˌskʁɛft]
Plakat (n)	**poster** (f)	['pɔwstʌ]

| Wegweiser (m) | **vejviser** (f) | ['vɑjˌviːsʌ] |
| Pfeil (m) | **pil** (f) | ['piˀl] |

Vorsicht (f)	**advarsel** (f)	['aðˌvɑːsəl]
Warnung (f)	**advarselsskilt** (i)	['aðˌvɑːsəls 'skelˀt]
warnen (vt)	**at advare**	[ʌ 'aðˌvaˀɑ]

freier Tag (m)	**fridag** (f)	['fʁidæˀ]
Fahrplan (m)	**køreplan** (f)	['køːʌˌplæˀn]
Öffnungszeiten (pl)	**åbningstid** (f)	['ɔːbneŋsˌtiðˀ]

HERZLICH WILLKOMMEN!	**VELKOMMEN!**	['vɛlˌkʌmˀən]
EINGANG	**INDGANG**	['enˌgɑŋˀ]
AUSGANG	**UDGANG**	['uðˌgɑŋˀ]

DRÜCKEN	**TRYK**	['tʁœk]
ZIEHEN	**TRÆK**	['tʁak]
GEÖFFNET	**ÅBENT**	['ɔːbənt]
GESCHLOSSEN	**LUKKET**	['lɔkəð]

DAMEN, FRAUEN	**KVINDE**	['kvenə]
HERREN, MÄNNER	**MAND**	['manˀ]
AUSVERKAUF	**RABAT**	[ʁɑ'bat]
REDUZIERT	**UDSALG**	['uðˌsalˀ]
NEU!	**NYHED!**	['nyheðˀ]
GRATIS	**GRATIS**	['gʁɑːtis]

ACHTUNG!	**PAS PÅ!**	['pas 'pɔ]
ZIMMER BELEGT	**INGEN LEDIGE VÆRELSER**	['eŋən 'leːðiə 'væɡʌlsʌ]
RESERVIERT	**RESERVERET**	[ʁɛsæɡ've'ˀʌð]

| VERWALTUNG | **ADMINISTRATION** | [aðministʁɑ'ɕoˀn] |
| NUR FÜR PERSONAL | **KUN FOR PERSONALE** | ['kɔn fʌ pæɡso'næːlə] |

VORSICHT BISSIGER HUND	**HER VOGTER JEG**	['hɛˀɡ 'vʌgtʌ 'jɑj]
RAUCHEN VERBOTEN!	**RYGNING FORBUDT**	['ʁyːneŋ fʌ'byˀð]
BITTE NICHT BERÜHREN	**MÅ IKKE BERØRES!**	[mɔ 'ekə be'ʁœˀʌs]

GEFÄHRLICH	**FARLIG**	['fɑːli]
VORSICHT!	**FARE**	['fɑːɑ]
HOCHSPANNUNG	**HØJSPÆNDING**	['hʌjˌspɛneŋ]
BADEN VERBOTEN	**BADNING FORBUDT**	['bæːðneŋ fʌ'byˀð]
AUSSER BETRIEB	**UDE AF DRIFT**	['uːðə a 'dʁɛft]
LEICHTENTZÜNDLICH	**BRANDFARLIG**	['bʁanˌfɑːli]
VERBOTEN	**FORBUDT**	[fʌ'byˀt]
DURCHGANG VERBOTEN	**ADGANG FORBUDT**	['aðˌgɑŋˀ fʌ'byˀð]
FRISCH GESTRICHEN	**NYMALET**	['nyˌmæˀləð]

31. Shopping

kaufen (vt)	at købe	[ʌ 'køː·bə]
Einkauf (m)	indkøb (i)	['enˌkøˀb]
einkaufen gehen	at gå på indkøb	[ʌ gɔˀ pɔ 'enˌkøˀb]
Einkaufen (n)	shopping (f)	['ɕʌpeŋ]
offen sein (Laden)	at være åben	[ʌ 'vɛːʌ 'ɔːbən]
zu sein	at være lukket	[ʌ 'vɛːʌ 'lɔkəð]
Schuhe (pl)	sko (f)	['skoˀ]
Kleidung (f)	klæder (i pl)	['klɛːðʌ]
Kosmetik (f)	kosmetik (f)	[kʌsmə'tik]
Lebensmittel (pl)	madvarer (f pl)	['maðvɑːʌ]
Geschenk (n)	gave (f)	['gæːvə]
Verkäufer (m)	sælger (f)	['sɛljʌ]
Verkäuferin (f)	sælger (f)	['sɛljʌ]
Kasse (f)	kasse (f)	['kasə]
Spiegel (m)	spejl (i)	['spɑjˀl]
Ladentisch (m)	disk (f)	['disk]
Umkleidekabine (f)	prøverum (i)	['pʁœːwəˌʁɔmˀ]
anprobieren (vt)	at prøve	[ʌ 'pʁœːwə]
passen (Schuhe, Kleid)	at passe	[ʌ 'pasə]
gefallen (vi)	at kunne lide	[ʌ 'kunə 'liːðə]
Preis (m)	pris (f)	['pʁiˀs]
Preisschild (n)	prismærke (i)	['pʁisˌmæɐ̯kə]
kosten (vt)	at koste	[ʌ 'kʌstə]
Wie viel?	Hvor meget?	[vɒˀ 'maɑð]
Rabatt (m)	rabat (f)	[ʁa'bat]
preiswert	billig	['bili]
billig	billig	['bili]
teuer	dyr	['dyɐ̯ˀ]
Das ist teuer	Det er dyrt	[de 'æɐ̯ 'dyɐ̯ˀt]
Verleih (m)	leje (f)	['lɑjə]
leihen, mieten	at leje	[ʌ 'lɑjə]
(ein Auto usw.)		
Kredit (m), Darlehen (n)	kredit (f)	[kʁɛ'dit]
auf Kredit	på kredit	[pɔ kʁɛ'dit]

T&P BOOKS

KLEIDUNG & ACCESSOIRES

T&P Books Publishing

Kleidung (f)	tøj (i), klæder (i pl)	['tʌj], ['klɛːðʌ]
Oberkleidung (f)	overtøj (i)	['ɒwʌˌtʌj]
Winterkleidung (f)	vintertøj (i)	['ventʌˌtʌj]

Mantel (m)	frakke (f)	['fʁɑkə]
Pelzmantel (m)	pels (f), pelskåbe (f)	['pɛl's], ['pɛlsˌkɔːbə]
Pelzjacke (f)	pelsjakke (f)	['pɛlsjɑkə]
Daunenjacke (f)	dynejakke (f)	['dyːnəjɑkə]

Jacke (z.B. Lederjacke)	jakke (f)	['jɑkə]
Regenmantel (m)	regnfrakke (f)	['ʁɑjnˌfʁɑkə]
wasserdicht	vandtæt	['vanˌtɛt]

Hemd (n)	skjorte (f)	['skjoɐ̯tə]
Hose (f)	bukser (pl)	['bɒksʌ]
Jeans (pl)	jeans (pl)	['djiːns]
Jackett (n)	jakke (f)	['jɑkə]
Anzug (m)	jakkesæt (i)	['jɑkəˌsɛt]

Damenkleid (n)	kjole (f)	['kjoːlə]
Rock (m)	nederdel (f)	['neðʌˌdeʔl]
Bluse (f)	bluse (f)	['bluːsə]
Strickjacke (f)	strikket trøje (f)	['stʁɛkəð 'tʁʌjə]
Jacke (Damen Kostüm)	blazer (f)	['blɛjsʌ]

T-Shirt (n)	t-shirt (f)	['tiːˌɕœːt]
Shorts (pl)	shorts (pl)	['ɕɒːts]
Sportanzug (m)	træningsdragt (f)	['tʁɛːneŋsˌdʁɑgt]
Bademantel (m)	badekåbe (f)	['bæːðəˌkɔːbə]
Schlafanzug (m)	pyjamas (f)	[py'jæːmas]

| Sweater (m) | sweater (f) | ['swɛtʌ] |
| Pullover (m) | pullover (f) | [pul'ɔwʌ] |

Weste (f)	vest (f)	['vɛst]
Frack (m)	kjolesæt (i)	['kjoːləˌsɛt]
Smoking (m)	smoking (f)	['smɔːkeŋ]

| Uniform (f) | uniform (f) | [uni'foʔm] |
| Arbeitskleidung (f) | arbejdstøj (i) | ['ɑːbɑjdsˌtʌj] |

| Overall (m) | kedeldragt, overall (f) | ['keðəlˌdʁɑgt], ['ɒwɒˌɒːl] |
| Kittel (z.B. Arztkittel) | kittel (f) | ['kitəl] |

34. Kleidung. Unterwäsche

Unterwäsche (f)	undertøj (i)	['ɔnʌˌtʌj]
Herrenslip (m)	boxershorts (pl)	['bʌgsʌˌɕɒːts]
Damenslip (m)	trusser (pl)	['tʁusʌ]
Unterhemd (n)	undertrøje (f)	['ɔnʌˌtʁʌjə]
Socken (pl)	sokker (f pl)	['sʌkʌ]
Nachthemd (n)	natkjole (f)	['natˌkjoːlə]
Büstenhalter (m)	bh (f), brystholder (f)	[be'hɔˀ], ['bʁœstˌhʌlˀʌ]
Kniestrümpfe (pl)	knæstrømper (f pl)	['knɛˌstʁœmpʌ]
Strumpfhose (f)	strømpebukser (pl)	['stʁœmbəˌbɔksʌ]
Strümpfe (pl)	strømper (f pl)	['stʁœmpʌ]
Badeanzug (m)	badedragt (f)	['bæːðəˌdʁɑgt]

35. Kopfbekleidung

Mütze (f)	hue (f)	['huːə]
Filzhut (m)	hat (f)	['hat]
Baseballkappe (f)	baseballkasket (f)	['bɛjsˌbɒːl ka'skɛt]
Schiebermütze (f)	kasket (f)	[ka'skɛt]
Baskenmütze (f)	baskerhue (f)	['bɑːskʌˌhuːə]
Kapuze (f)	hætte (f)	['hɛtə]
Panamahut (m)	panamahat (f)	['panˀamaˌhat]
Strickmütze (f)	strikhue (f)	['stʁɛkˌhuə]
Kopftuch (n)	tørklæde (i)	['tœɐ̯ˌklɛːðə]
Damenhut (m)	hat (f)	['hat]
Schutzhelm (m)	hjelm (f)	['jɛlˀm]
Feldmütze (f)	skråhue (f)	['skʁʌˌhuːə]
Helm (z.B. Motorradhelm)	hjelm (f)	['jɛlˀm]
Melone (f)	bowlerhat (f)	['bɒwlʌˌhat]
Zylinder (m)	høj hat (f)	['hʌj 'hat]

36. Schuhwerk

Schuhe (pl)	sko (f)	['skoˀ]
Stiefeletten (pl)	støvler (f pl)	['stœwlʌ]
Halbschuhe (pl)	damesko (f pl)	['dæːməˌskoː]

Stiefel (pl)	**støvler** (f pl)	['stœwlʌ]
Hausschuhe (pl)	**hjemmesko** (f pl)	['jɛmə‚skoˀ]
Tennisschuhe (pl)	**tennissko, kondisko** (f pl)	['tɛnis‚skoˀ], ['kʌndi‚skoˀ]
Leinenschuhe (pl)	**kanvas sko** (f pl)	['kanvas ‚skoˀ]
Sandalen (pl)	**sandaler** (f pl)	[san'dæˀlʌ]
Schuster (m)	**skomager** (f)	['sko‚mæˀjʌ]
Absatz (m)	**hæl** (f)	['hɛˀl]
Paar (n)	**par** (i)	['pɑ]
Schnürsenkel (m)	**snøre** (f)	['snœːʌ]
schnüren (vt)	**at snøre**	[ʌ 'snœːʌ]
Schuhlöffel (m)	**skohorn** (i)	['sko‚hoɐ̯ˀn]
Schuhcreme (f)	**skocreme** (f)	['sko‚kʁɛˀm]

37. Persönliche Accessoires

Handschuhe (pl)	**handsker** (f pl)	['hanskʌ]
Fausthandschuhe (pl)	**vanter** (f pl)	['vanˀtʌ]
Schal (Kaschmir-)	**halstørklæde** (i)	['hals 'tœɐ̯‚klɛːðə]
Brille (f)	**briller** (pl)	['bʁɛlʌ]
Brillengestell (n)	**brillestel** (i)	['bʁɛlə‚stɛlˀ]
Regenschirm (m)	**paraply** (f)	[pɑɑ'plyˀ]
Spazierstock (m)	**stok** (f)	['stʌk]
Haarbürste (f)	**hårbørste** (f)	['hɒ‚bœɐ̯stə]
Fächer (m)	**vifte** (f)	['veftə]
Krawatte (f)	**slips** (i)	['sleps]
Fliege (f)	**butterfly** (f)	['bʌtʌ‚flɑj]
Hosenträger (pl)	**seler** (f pl)	['seːlʌ]
Taschentuch (n)	**lommetørklæde** (i)	['lʌmə‚tœɐ̯klɛːðə]
Kamm (m)	**kam** (f)	['kɑmˀ]
Haarspange (f)	**hårspænde** (i)	['hɒː‚spɛnə]
Haarnadel (f)	**hårnål** (f)	['hɒː‚nɔˀl]
Schnalle (f)	**spænde** (i)	['spɛnə]
Gürtel (m)	**bælte** (i)	['bɛltə]
Umhängegurt (m)	**rem** (f)	['ʁamˀ]
Tasche (f)	**taske** (f)	['taskə]
Handtasche (f)	**dametaske** (f)	['dæ‚meː‚taskə]
Rucksack (m)	**rygsæk** (f)	['ʁœg‚sɛk]

38. Kleidung. Verschiedenes

| Mode (f) | **mode** (f) | ['moːðə] |
| modisch | **moderigtig** | ['moːðə‚ʁɛgti] |

Modedesigner (m)	**modedesigner** (f)	[ˈmoːðə deˈsɑjnʌ]
Kragen (m)	**krave** (f)	[ˈkʁɑːvə]
Tasche (f)	**lomme** (f)	[ˈlʌmə]
Taschen-	**lomme-**	[ˈlʌmə-]
Ärmel (m)	**ærme** (i)	[ˈæɐmə]
Aufhänger (m)	**strop** (f)	[ˈstʁʌp]
Hosenschlitz (m)	**gylp** (f)	[ˈgylˀp]

Reißverschluss (m)	**lynlås** (f)	[ˈlynˌlɔˀs]
Verschluss (m)	**hægte, lukning** (f)	[ˈhɛgtə], [ˈlɔknɛŋ]
Knopf (m)	**knap** (f)	[ˈknɑp]
Knopfloch (n)	**knaphul** (i)	[ˈknɑpˌhɔl]
abgehen (Knopf usw.)	**at falde af**	[ʌ ˈfalə ˈæˀ]

nähen (vi, vt)	**at sy**	[ʌ syˀ]
sticken (vt)	**at brodere**	[ʌ bʁoˈdeˀʌ]
Stickerei (f)	**broderi** (i)	[bʁodʌˈʁiˀ]
Nadel (f)	**synål** (f)	[ˈsyˌnɔˀl]
Faden (m)	**tråd** (f)	[ˈtʁɔˀð]
Naht (f)	**søm** (f)	[ˈsœmˀ]

sich beschmutzen	**at smudse sig til**	[ʌ ˈsmusə sɑ ˈtel]
Fleck (m)	**plet** (f)	[ˈplɛt]
sich knittern	**at blive krøllet**	[ʌ ˈbliːə ˈkʁœləð]
zerreißen (vt)	**at rive**	[ʌ ˈʁiːvə]
Motte (f)	**møl** (i)	[ˈmøl]

39. Kosmetikartikel. Kosmetik

Zahnpasta (f)	**tandpasta** (f)	[ˈtanˌpasta]
Zahnbürste (f)	**tandbørste** (f)	[ˈtanˌbœɐstə]
Zähne putzen	**at børste tænder**	[ʌ ˈbœɐstə ˈtɛnʌ]

Rasierer (m)	**skraber** (f)	[ˈskʁɑːbʌ]
Rasiercreme (f)	**barbercreme** (f)	[bɑˈbeˀɡˌkʁɛˀm]
sich rasieren	**at barbere sig**	[ʌ bɑˈbeˀʌ sɑj]

Seife (f)	**sæbe** (f)	[ˈsɛːbə]
Shampoo (n)	**shampoo** (f)	[ˈɕæːmˌpuː]

Schere (f)	**saks** (f)	[ˈsaks]
Nagelfeile (f)	**neglefil** (f)	[ˈnɑjləˌfiˀl]
Nagelzange (f)	**neglesaks** (f)	[ˈnɑjləˌsaks]
Pinzette (f)	**pincet** (f)	[penˈsɛt]

Kosmetik (f)	**kosmetik** (f)	[kʌsmeˈtik]
Gesichtsmaske (f)	**ansigtsmaske** (f)	[ˈansegts ˈmaskə]
Maniküre (f)	**manicure** (f)	[maniˈkyːʌ]
Maniküre machen	**at få manicure**	[ʌ ˈfɔˀ maniˈkyːʌ]
Pediküre (f)	**pedicure** (f)	[pediˈkyːʌ]

Kosmetiktasche (f)	kosmetiktaske (f)	[kʌsməˈtikˌtaskə]
Puder (m)	pudder (i)	[ˈpuðˀʌ]
Puderdose (f)	pudderdåse (f)	[ˈpuðʌˌdɔːsə]
Rouge (n)	rouge (f)	[ˈʁuːɕ]
Parfüm (n)	parfume (f)	[paˈfyːmə]
Duftwasser (n)	eau de toilette (f)	[ˌodətoaˈlɛt]
Lotion (f)	lotion (f)	[ˈlowɕən]
Kölnischwasser (n)	eau de cologne (f)	[odəkoˈlʌnjə]
Lidschatten (m)	øjenskygge (f)	[ˈʌjənˌskygə]
Kajalstift (m)	eyeliner (f)	[ˈɑːjˌlɑjnʌ]
Wimperntusche (f)	mascara (f)	[maˈskɑːɑ]
Lippenstift (m)	læbestift (f)	[ˈlɛːbəˌsteft]
Nagellack (m)	neglelak (f)	[ˈnɑjləˌlak]
Haarlack (m)	hårspray (f)	[ˈhɔːˌspʁɛj]
Deodorant (n)	deodorant (f)	[deodoˈʁanˀt]
Creme (f)	creme (f)	[ˈkʁɛˀm]
Gesichtscreme (f)	ansigtscreme (f)	[ˈansegts ˈkʁɛˀm]
Handcreme (f)	håndcreme (f)	[ˈhʌnˌkʁɛˀm]
Anti-Falten-Creme (f)	antirynke creme (f)	[antəˈʁɶŋkə ˈkʁɛˀm]
Tagescreme (f)	dagcreme (f)	[ˈdɑwˌkʁɛˀm]
Nachtcreme (f)	natcreme (f)	[ˈnatˌkʁɛˀm]
Tages-	dag-	[ˈdɑw-]
Nacht-	nat-	[ˈnat-]
Tampon (m)	tampon (f)	[tamˈpʌn]
Toilettenpapier (n)	toiletpapir (i)	[toaˈlɛt paˈpiɐ̯ˀ]
Föhn (m)	hårtørrer (f)	[ˈhɔːˌtœɐ̯ʌ]

40. Armbanduhren Uhren

Armbanduhr (f)	armbåndsur (i)	[ˈɑːmbʌnsˌuɐ̯ˀ]
Zifferblatt (n)	urskive (f)	[ˈuɐ̯ˌskiːvə]
Zeiger (m)	viser (f)	[ˈviːsʌ]
Metallarmband (n)	armbånd (i)	[ˈɑːmˌbʌnˀ]
Uhrenarmband (n)	urrem (f)	[ˈuɐ̯ˌʁamˀ]
Batterie (f)	batteri (i)	[batʌˈʁiˀ]
verbraucht sein	at blive afladet	[ʌ ˈbliːə ˈɑwˌlæˀðəð]
die Batterie wechseln	at skifte et batteri	[ʌ ˈskiftə et batʌˈʁiˀ]
vorgehen (vi)	at gå for hurtigt	[ʌ gɔˀ fʌ ˈhoɐ̯tit]
nachgehen (vi)	at gå for langsomt	[ʌ gɔˀ fʌ ˈlaŋˌsʌmt]
Wanduhr (f)	vægur (i)	[ˈvɛːgˌuɐ̯ˀ]
Sanduhr (f)	timeglas (i)	[ˈtiːməˌglas]
Sonnenuhr (f)	solur (i)	[ˈsoːlˌuɐ̯ˀ]
Wecker (m)	vækkeur (i)	[ˈvɛkəˌuɐ̯ˀ]

Uhrmacher (m)	**urmager** (f)	['uɐ̯ˌmæˀjʌ]
reparieren (vt)	**at reparere**	[ʌ ʁɛpə'ʁɛˀʌ]

ALLTAGSERFAHRUNG

T&P Books Publishing

Geld (n)	**penge** (pl)	['pɛŋə]
Austausch (m)	**veksling** (f)	['vɛkslɛŋ]
Kurs (m)	**kurs** (f)	['kuɐ̯ˀs]
Geldautomat (m)	**pengeautomat** (f)	['pɛŋə ɑwto'mæˀt]
Münze (f)	**mønt** (f)	['mønˀt]
Dollar (m)	**dollar** (f)	['dʌlʌ]
Euro (m)	**euro** (f)	['œwʁo]
Lira (f)	**lire** (f)	['liːʌ]
Mark (f)	**mark** (f)	['mɑːk]
Franken (m)	**franc** (f)	['fʁɑŋˀk]
Pfund Sterling (n)	**engelske pund** (i)	['ɛŋˀəlskə punˀ]
Yen (m)	**yen** (f)	['jɛn]
Schulden (pl)	**gæld** (f)	['gɛlˀ]
Schuldner (m)	**skyldner** (f)	['skylnʌ]
leihen (vt)	**at låne ud**	[ʌ 'lɔːnə ˌuðˀ]
leihen, borgen (Geld usw.)	**at låne**	[ʌ 'lɔːnə]
Bank (f)	**bank** (f)	['bɑŋˀk]
Konto (n)	**konto** (f)	['kʌnto]
einzahlen (vt)	**at indsætte**	[ʌ 'enˌsɛtə]
auf ein Konto einzahlen	**at sætte ind på kontoen**	[ʌ 'sɛtə 'enˀ pɔ 'kʌntoːən]
abheben (vt)	**at hæve fra kontoen**	[ʌ 'hɛːvə fʁɑ 'kʌntoːən]
Kreditkarte (f)	**kreditkort** (i)	[kʁɛ'dit kɒːt]
Bargeld (n)	**kontanter** (pl)	[kɔn'tanˀtʌ]
Scheck (m)	**check** (f)	['ɕɛk]
einen Scheck schreiben	**at skrive en check**	[ʌ 'skʁiːvə en 'ɕɛk]
Scheckbuch (n)	**checkhæfte** (i)	['ɕɛkˌhɛftə]
Geldtasche (f)	**tegnebog** (f)	['tɑjnəˌbɔˀw]
Geldbeutel (m)	**pung** (f)	['pɔŋˀ]
Safe (m)	**pengeskab** (i)	['pɛŋəˌskæˀb]
Erbe (m)	**arving** (f)	['ɑːven]
Erbschaft (f)	**arv** (f)	['ɑˀw]
Vermögen (n)	**formue** (f)	['fɒːˌmuːə]
Pacht (f)	**leje** (f)	['lɑjə]
Miete (f)	**husleje** (f)	['husˌlɑjə]
mieten (vt)	**at leje**	[ʌ 'lɑjə]
Preis (m)	**pris** (f)	['pʁiˀs]

| Kosten (pl) | omkostning (f) | ['ʌmˌkʌstneŋ] |
| Summe (f) | sum (f) | ['sɔmˀ] |

ausgeben (vt)	at bruge	[ʌ 'bʁuːə]
Ausgaben (pl)	udgifter (f pl)	['uðˌgiftʌ]
sparen (vt)	at spare	[ʌ 'spɑːɑ]
sparsam	sparsommelig	[spɑ'sʌmˀəli]

zahlen (vt)	at betale	[ʌ be'tæˀlə]
Lohn (m)	betaling (f)	[be'tæˀleŋ]
Wechselgeld (n)	byttepenge (pl)	['bytəˌpɛŋə]

Steuer (f)	skat (f)	['skat]
Geldstrafe (f)	bøde (f)	['bøːðə]
bestrafen (vt)	at give bødestraf	[ʌ 'giˀ 'bøːðəˌstʁɑf]

42. Post. Postdienst

Post (Postamt)	postkontor (i)	['pʌst kɔn'toˀg̊]
Post (Postsendungen)	post (f)	['pʌst]
Briefträger (m)	postbud (i)	['pʌstˌbuð]
Öffnungszeiten (pl)	åbningstid (f)	['ɔːbneŋsˌtiðˀ]

Brief (m)	brev (i)	['bʁɛwˀ]
Einschreibebrief (m)	rekommanderet brev (i)	[ʁɛkɔman'deˀʌð 'bʁɛwˀ]
Postkarte (f)	postkort (i)	['pʌstˌkɔːt]
Telegramm (n)	telegram (i)	[telə'gʁɑmˀ]
Postpaket (n)	postpakke (f)	['pʌstˌpɑkə]
Geldanweisung (f)	pengeoverførsel (f)	['pɛŋə 'ɒwʌˌføg̊ˀsəl]

bekommen (vt)	at modtage	[ʌ 'moðˌtæˀ]
abschicken (vt)	at sende	[ʌ 'sɛnə]
Absendung (f)	afsendelse (f)	['awˌsɛnˀəlsə]
Postanschrift (f)	adresse (f)	[a'dʁasə]
Postleitzahl (f)	postnummer (i)	['pʌstˌnɔmˀʌ]
Absender (m)	afsender (f)	['awˌsɛnˀʌ]
Empfänger (m)	modtager (f)	['moðˌtæˀjʌ]

| Vorname (m) | fornavn (i) | ['fɒːˌnɑwˀn] |
| Nachname (m) | efternavn (i) | ['ɛftʌˌnɑwˀn] |

Tarif (m)	tarif (f)	[tɑ'ʁif]
Standard- (Tarif)	vanlig	['væˀnli]
Spar- (-tarif)	økonomisk	[øko'noˀmisk]

Gewicht (n)	vægt (f)	['vɛgt]
abwiegen (vt)	at veje	[ʌ 'vɑjə]
Briefumschlag (m)	konvolut, kuvert (f)	[kɔnvo'lut], [ku'væg̊t]
Briefmarke (f)	frimærke (i)	['fʁiˌmæg̊kə]
Briefmarke aufkleben	at frankere	[ʌ fʁɑŋ'keˀʌ]

43. Bankgeschäft

| Bank (f) | bank (f) | ['baŋˀk] |
| Filiale (f) | afdeling (f) | ['aw‚deˀleŋ] |

| Berater (m) | konsulent (f) | [kʌnsu'lɛnˀt] |
| Leiter (m) | forretningsfører (f) | [fʌˈʁatneŋs‚føːʌ] |

Konto (n)	bankkonto (f)	['baŋˀk‚kʌnto]
Kontonummer (f)	kontonummer (i)	['kʌntɒ‚nɒmˀʌ]
Kontokorrent (n)	checkkonto (f)	['ɕɛk‚kʌnto]
Sparkonto (n)	opsparingskonto (f)	['ʌp‚spaˀeŋs ‚kʌnto]

ein Konto eröffnen	at åbne en konto	[ʌ 'ɔːbnə en 'kʌnto]
das Konto schließen	at lukke kontoen	[ʌ 'lɔkə 'kʌntoːən]
einzahlen (vt)	at sætte ind på kontoen	[ʌ 'sɛtə 'enˀ pɔ 'kʌntoːən]
abheben (vt)	at hæve fra kontoen	[ʌ 'hɛːvə fʁa 'kʌntoːən]

Einzahlung (f)	indskud (i)	['en‚skuð]
eine Einzahlung machen	at indsætte	[ʌ 'en‚sɛtə]
Überweisung (f)	overførelse (f)	['ɒwʌ‚føːʌlsə]
überweisen (vt)	at overføre	[ʌ 'ɒwʌ‚føˀʌ]

| Summe (f) | sum (f) | ['sɔmˀ] |
| Wieviel? | Hvor meget? | [vɒˀ 'maɑð] |

| Unterschrift (f) | signatur, underskrift (f) | [sina'tuɐˀ], ['ɔnʌ‚skʁɛft] |
| unterschreiben (vt) | at underskrive | [ʌ 'ɔnʌ‚skʁiˀvə] |

Kreditkarte (f)	kreditkort (i)	[kʁɛ'dit kɒːt]
Code (m)	kode (f)	['koːðə]
Kreditkartennummer (f)	kreditkortnummer (i)	[kʁɛ'dit kɒːt 'nɒmˀʌ]
Geldautomat (m)	pengeautomat (f)	['pɛŋə ɑwto'mæˀt]

Scheck (m)	check (f)	['ɕɛk]
einen Scheck schreiben	at skrive en check	[ʌ 'skʁiːvə en 'ɕɛk]
Scheckbuch (n)	checkhæfte (i)	['ɕɛk‚hɛftə]

Darlehen (m)	lån (i)	['lɔˀn]
ein Darlehen beantragen	at ansøge om lån	[ʌ 'an‚søːə ɒm 'lɔˀn]
ein Darlehen aufnehmen	at få et lån	[ʌ 'fɔˀ et 'lɔˀn]
ein Darlehen geben	at yde et lån	[ʌ 'y:ðə et 'lɔˀn]
Sicherheit (f)	garanti (f)	[gaɑn'tiˀ]

44. Telefon. Telefongespräche

Telefon (n)	telefon (f)	[teləˈfoˀn]
Mobiltelefon (n)	mobiltelefon (f)	[moˈbil teləˈfoˀn]
Anrufbeantworter (m)	telefonsvarer (f)	[teləˈfoːn‚svɑːɑ]

| anrufen (vt) | at ringe | [ʌ 'ʁɛŋə] |
| Anruf (m) | telefonsamtale (f) | [telə'foːn 'sɑmˌtæːlə] |

eine Nummer wählen	at taste et nummer	[ʌ 'tastə et 'nɔmˀʌ]
Hallo!	Hallo!	[ha'lo]
fragen (vt)	at spørge	[ʌ 'spœɐ̯ʌ]
antworten (vi)	at svare	[ʌ 'svɑːɑ]

hören (vt)	at høre	[ʌ 'høːʌ]
gut (~ aussehen)	godt	['gʌt]
schlecht (Adv)	dårligt	['dɒːlit]
Störungen (pl)	støj (f)	['stʌjˀ]

Hörer (m)	telefonrør (i)	[telə'foːnˌʁɶˀɐ̯]
den Hörer abnehmen	at tage telefonen	[ʌ 'tæˀ telə'foˀnən]
auflegen (den Hörer ~)	at lægge på	[ʌ 'lɛgə pɔˀ]

besetzt	optaget	['ʌpˌtæˀj]
läuten (vi)	at ringe	[ʌ 'ʁɛŋə]
Telefonbuch (n)	telefonbog (f)	[telə'foːnˌbɔˀw]

Orts-	lokal-	[lo'kæl-]
Ortsgespräch (n)	lokalopkald (i)	[lo'kæˀl 'ʌpˌkalˀ]
Auslands-	international	['entʌnaɕoˌnæˀl]
Auslandsgespräch (n)	internationalt opkald (i)	['entʌnaɕoˌnæˀlt 'ʌpˌkalˀ]
Fern-	fjern-	['fjæɐ̯n-]
Ferngespräch (n)	fjernopkald (i)	['fjæɐ̯n 'ʌpˌkalˀ]

45. Mobiltelefon

Mobiltelefon (n)	mobiltelefon (f)	[mo'bil telə'foˀn]
Display (n)	skærm (f)	['skæɐ̯ˀm]
Knopf (m)	knap (f)	['knɑp]
SIM-Karte (f)	SIM-kort (i)	['semˌkɒːt]

Batterie (f)	batteri (i)	[batʌ'ʁiˀ]
leer sein (Batterie)	at blive afladet	[ʌ 'bliːə 'ɑwˌlæˀðəð]
Ladegerät (n)	oplader (f)	['ʌplˌlæˀðʌ]

Menü (n)	menu (f)	[me'ny]
Einstellungen (pl)	indstillinger (f pl)	['enˌstelˀeŋʌ]
Melodie (f)	melodi (f)	[melo'diˀ]
auswählen (vt)	at vælge	[ʌ 'vɛljə]

Rechner (m)	lommeregner (f)	['lʌməˌʁajnʌ]
Anrufbeantworter (m)	telefonsvarer (f)	[telə'foːnˌsvɑːɑ]
Wecker (m)	vækkeur (i)	['vɛkəˌuɐ̯ˀ]
Kontakte (pl)	kontakter (f pl)	[kɔn'taktʌ]
SMS-Nachricht (f)	SMS (f)	[ɛsɛm'ɛs]
Teilnehmer (m)	abonnent (f)	[abo'nɛnˀt]

46. Bürobedarf

Kugelschreiber (m)	kuglepen (f)	['ku:lə‚pɛnˀ]
Federhalter (m)	fyldepen (f)	['fylə‚pɛnˀ]
Bleistift (m)	blyant (f)	['bly:‚anˀt]
Faserschreiber (m)	mærkepen (f)	[mɑ'køɡ‚pɛnˀ]
Filzstift (m)	tuschpen (f)	['tuɕ‚pɛnˀ]
Notizblock (m)	notesblok (f)	['no:təs‚blʌk]
Terminkalender (m)	dagbog (f)	['dɑw‚bɔˀw]
Lineal (n)	lineal (f)	[line'æˀl]
Rechner (m)	regnemaskine (f)	['ʁɑjnə ma'ski:nə]
Radiergummi (m)	viskelæder (i)	['veskə‚lɛðˀʌ]
Reißzwecke (f)	tegnestift (f)	['tɑjnə‚steft]
Heftklammer (f)	clips (i)	['kleps]
Klebstoff (m)	lim (f)	['liˀm]
Hefter (m)	hæftemaskine (f)	['hɛfta ma'ski:nə]
Locher (m)	hullemaskine (f)	['hɔlə ma'ski:nə]
Bleistiftspitzer (m)	blyantspidser (f)	['bly:ant‚spesʌ]

47. Fremdsprachen

Sprache (f)	sprog (i)	['spʁɔˀw]
Fremd-	fremmed-	['fʁaməð-]
Fremdsprache (f)	fremmedsprog (i)	['fʁaməð'spʁɔˀw]
studieren (z.B. Jura ~)	at studere	[ʌ stu'de'ʌ]
lernen (Englisch ~)	at lære	[ʌ 'lɛ:ʌ]
lesen (vi, vt)	at læse	[ʌ 'lɛ:sə]
sprechen (vi, vt)	at tale	[ʌ 'tæ:lə]
verstehen (vt)	at forstå	[ʌ fʌ'stɔˀ]
schreiben (vi, vt)	at skrive	[ʌ 'skʁi:və]
schnell (Adv)	hurtigt	['hoɡtit]
langsam (Adv)	langsomt	['lɑŋ‚sʌmt]
fließend (Adv)	flydende	['fly:ðənə]
Regeln (pl)	regler (f pl)	['ʁɛjlʌ]
Grammatik (f)	grammatik (f)	[gʁɑma'tik]
Vokabular (n)	ordforråd (i)	['oɡfɒ‚ʁɔˀð]
Phonetik (f)	fonetik (f)	[fonə'tik]
Lehrbuch (n)	lærebog (f)	['lɛ:ʌ‚bɔˀw]
Wörterbuch (n)	ordbog (f)	['oɡ‚bɔˀw]
Selbstlernbuch (n)	lærebog (f)	['lɛ:ʌ‚bɔˀw
	til selvstudium	tel 'sɛl‚stuˀdjɔm]

Sprachführer (m)	**parlør** (f)	[pɑˈlœːɐ̯]
Kassette (f)	**kassette** (f)	[kaˈsɛtə]
Videokassette (f)	**videokassette** (f)	[ˈviˀdjo kaˈsɛtə]
CD (f)	**cd** (f)	[seˈdeˀ]
DVD (f)	**dvd** (f)	[deveˈdeˀ]
Alphabet (n)	**alfabet** (i)	[alfaˈbeˀt]
buchstabieren (vt)	**at stave**	[ʌ ˈstæːvə]
Aussprache (f)	**udtale** (f)	[ˈuðˌtæːlə]
Akzent (m)	**accent** (f)	[ɑkˈsɑn]
mit Akzent	**med accent**	[mɛ ɑkˈsɑn]
ohne Akzent	**uden accent**	[ˈuðən ɑkˈsɑn]
Wort (n)	**ord** (i)	[ˈoˀɐ̯]
Bedeutung (f)	**betydning** (f)	[beˈtyðˀnen]
Kurse (pl)	**kursus** (i)	[ˈkuɐ̯sʌ]
sich einschreiben	**at indmelde sig**	[ʌ ˈenlˌmɛlˀə saj]
Lehrer (m)	**lærer** (f)	[ˈlɛːʌ]
Übertragung (f)	**oversættelse** (f)	[ˈɒwʌˌsɛtəlsə]
Übersetzung (f)	**oversættelse** (f)	[ˈɒwʌˌsɛtəlsə]
Übersetzer (m)	**oversætter** (f)	[ˈɒwʌˌsɛtʌ]
Dolmetscher (m)	**tolk** (f)	[ˈtʌlˀk]
Polyglott (m, f)	**polyglot** (f)	[polyˈglʌt]
Gedächtnis (n)	**hukommelse** (f)	[huˈkʌmˀəlsə]

MAHLZEITEN.
RESTAURANT

T&P Books Publishing

48. Gedeck

Löffel (m)	ske (f)	['skeʔ]
Messer (n)	kniv (f)	['kniwʔ]
Gabel (f)	gaffel (f)	['gɑfəl]

Tasse (eine ~ Tee)	kop (f)	['kʌp]
Teller (m)	tallerken (f)	[ta'læɡkən]
Untertasse (f)	underkop (f)	['ɔnʌˌkʌp]
Serviette (f)	serviet (f)	[sæɡvi'ɛt]
Zahnstocher (m)	tandstikker (f)	['tanˌstekʌ]

49. Restaurant

Restaurant (n)	restaurant (f)	[ʁɛsto'ʁɑn]
Kaffeehaus (n)	cafe, kaffebar (f)	[ka'feʔ], ['kɑfəˌbɑʔ]
Bar (f)	bar (f)	['bɑʔ]
Teesalon (m)	tesalon (f)	['teʔsa'lʌn]

Kellner (m)	tjener (f)	['tjɛ:nʌ]
Kellnerin (f)	servitrice (f)	[sæɡvi'tʁi:sə]
Barmixer (m)	bartender (f)	['bɑːˌtɛndʌ]
Speisekarte (f)	menu (f)	[me'ny]
Weinkarte (f)	vinkort (i)	['vi:nˌkɒ:t]
einen Tisch reservieren	at bestille et bord	[ʌ be'stelʔə ed 'boʔɡ]
Gericht (n)	ret (f)	['ʁat]
bestellen (vt)	at bestille	[ʌ be'stelʔə]
eine Bestellung aufgeben	at bestille	[ʌ be'stelʔə]

Aperitif (m)	aperitif (f)	[apeɡi'tif]
Vorspeise (f)	forret (f)	['fɔːʁat]
Nachtisch (m)	dessert (f)	[de'sɛɡʔt]

Rechnung (f)	regning (f)	['ʁɑjnɛŋ]
Rechnung bezahlen	at betale regningen	[ʌ be'tæʔlə 'ʁɑjnɛŋən]
das Wechselgeld geben	at give tilbage	[ʌ 'giʔ te'bæːjə]
Trinkgeld (n)	drikkepenge (pl)	['dʁɛkəˌpɛŋə]

50. Mahlzeiten

| Essen (n) | mad (f) | ['mað] |
| essen (vi, vt) | at spise | [ʌ 'spi:sə] |

Frühstück (n)	**morgenmad** (f)	['mɒːɒnˌmað]
frühstücken (vi)	**at spise morgenmad**	[ʌ 'spiːsə 'mɒːɒnˌmað]
Mittagessen (n)	**frokost** (f)	['fʁɔkʌst]
zu Mittag essen	**at spise frokost**	[ʌ 'spiːsə 'fʁɔkʌst]
Abendessen (n)	**aftensmad** (f)	['ɑftənsˌmað]
zu Abend essen	**at spise aftensmad**	[ʌ 'spiːsə 'ɑftənsˌmað]
Appetit (m)	**appetit** (f)	[ɑpə'tit]
Guten Appetit!	**Velbekomme!**	['vɛlbə'kʌmˀə]
öffnen (vt)	**at åbne**	[ʌ 'ɔːbnə]
verschütten (vt)	**at spilde**	[ʌ 'spilə]
verschüttet werden	**at spildes ud**	[ʌ 'spiləs uðˀ]
kochen (vi)	**at koge**	[ʌ 'kɔːwə]
kochen (Wasser ~)	**at koge**	[ʌ 'kɔːwə]
gekocht (Adj)	**kogt**	['kʌgt]
kühlen (vt)	**at afkøle**	[ʌ 'awˌkøˀlə]
abkühlen (vi)	**at afkøles**	[ʌ 'awˌkøˀləs]
Geschmack (m)	**smag** (f)	['smæˀj]
Beigeschmack (m)	**bismag** (f)	['bismæˀj]
auf Diät sein	**at være på diæt**	[ʌ 'vɛːʌ pɔˀ di'ɛˀt]
Diät (f)	**diæt** (f)	[di'ɛˀt]
Vitamin (n)	**vitamin** (i)	[vita'miˀn]
Kalorie (f)	**kalorie** (f)	[ka'loʁˀjə]
Vegetarier (m)	**vegetar, vegetarianer** (f)	[vegə'taˀ], [vegətai'æˀnʌ]
vegetarisch (Adj)	**vegetarisk**	[vegə'taˀisk]
Fett (n)	**fedt** (i)	['fet]
Protein (n)	**proteiner** (i pl)	[pʁote'iˀnʌ]
Kohlenhydrat (n)	**kulhydrater** (i pl)	['kɔlhyˌdʁɑˀdʌ]
Scheibchen (n)	**skive** (f)	['skiːvə]
Stück (ein ~ Kuchen)	**stykke** (i)	['støkə]
Krümel (m)	**krumme** (f)	['kʁɔmə]

51. Gerichte

Gericht (n)	**ret** (f)	['ʁat]
Küche (f)	**køkken** (i)	['køkən]
Rezept (n)	**opskrift** (f)	['ʌpˌskʁɛft]
Portion (f)	**portion** (f)	[pɔ'ɕoˀn]
Salat (m)	**salat** (f)	[sa'læˀt]
Suppe (f)	**suppe** (f)	['sɔpə]
Brühe (f), Bouillon (f)	**bouillon** (f)	[bul'jʌŋ]
belegtes Brot (n)	**smørrebrød** (i)	['smœɐ̯ʌˌbʁœðˀ]
Spiegelei (n)	**spejlæg** (i)	['spɑjlˌɛˀg]

Hamburger (m)	**hamburger** (f)	['hæːmˌbœːgʌ]
Beefsteak (n)	**bøf** (f)	['bøf]
Beilage (f)	**tilbehør** (i)	['telbeˌhøˀɐ̯]
Spaghetti (pl)	**spaghetti** (f)	[spaˈgɛti]
Kartoffelpüree (n)	**kartoffelmos** (f)	[kaˈtʌfəlˌmɔs]
Pizza (f)	**pizza** (f)	['pidsa]
Brei (m)	**grød** (f)	['gʁœðˀ]
Omelett (n)	**omelet** (f)	[oməˈlɛt]
gekocht	**kogt**	['kʌgt]
geräuchert	**røget**	['ʁʌjəð]
gebraten	**stegt**	['stɛgt]
getrocknet	**tørret**	['tœɐ̯ʌð]
tiefgekühlt	**frossen**	['fʁɔsən]
mariniert	**syltet**	['syltəð]
süß	**sød**	['søðˀ]
salzig	**saltet**	['saltəð]
kalt	**kold**	['kʌlˀ]
heiß	**hed, varm**	['heðˀ], ['vaˀm]
bitter	**bitter**	['betʌ]
lecker	**lækker**	['lɛkʌ]
kochen (vt)	**at koge**	[ʌ 'kɔːwə]
zubereiten (vt)	**at lave**	[ʌ 'læːvə]
braten (vt)	**at stege**	[ʌ 'stajə]
aufwärmen (vt)	**at varme op**	[ʌ 'vɑːmə ʌp]
salzen (vt)	**at salte**	[ʌ 'saltə]
pfeffern (vt)	**at pebre**	[ʌ 'pewʁʌ]
reiben (vt)	**at rive**	[ʌ 'ʁiːvə]
Schale (f)	**skal, skræl** (f)	['skalˀ], ['skʁalˀ]
schälen (vt)	**at skrælle**	[ʌ 'skʁalə]

52. Essen

Fleisch (n)	**kød** (i)	['køð]
Hühnerfleisch (n)	**høne** (f)	['hœːnə]
Küken (n)	**kylling** (f)	['kyleŋ]
Ente (f)	**and** (f)	['anˀ]
Gans (f)	**gås** (f)	['gɔˀs]
Wild (n)	**vildt** (i)	['vilˀt]
Pute (f)	**kalkun** (f)	[kalˈkuˀn]
Schweinefleisch (n)	**flæsk** (i)	['flɛsk]
Kalbfleisch (n)	**kalvekød** (i)	['kalvəˌkøð]
Hammelfleisch (n)	**lammekød** (i)	['laməˌkøð]
Rindfleisch (n)	**oksekød** (i)	['ʌksəˌkøð]
Kaninchenfleisch (n)	**kanin** (f)	[kaˈniˀn]

Wurst (f)	pølse (f)	['pølsə]
Würstchen (n)	wienerpølse (f)	['viʔnʌˌpølsə]
Schinkenspeck (m)	bacon (i, f)	['bɛjkʌn]
Schinken (m)	skinke (f)	['skeŋkə]
Räucherschinken (m)	skinke (f)	['skeŋkə]
Pastete (f)	pate, paté (f)	[pa'te]
Leber (f)	lever (f)	['lewʔʌ]
Hackfleisch (n)	kødfars (f)	['køðˌfaʔs]
Zunge (f)	tunge (f)	['tɔŋə]
Ei (n)	æg (i)	['ɛʔg]
Eier (pl)	æg (i pl)	['ɛʔg]
Eiweiß (n)	hvide (f)	['viːðə]
Eigelb (n)	blomme (f)	['blʌmə]
Fisch (m)	fisk (f)	['fesk]
Meeresfrüchte (pl)	fisk og skaldyr	[fesk 'ɒw 'skaldyɐ̯ʔ]
Krebstiere (pl)	krebsdyr (i pl)	['kʁabsˌdyɐ̯ʔ]
Kaviar (m)	kaviar (f)	['kaviˌɑʔ]
Krabbe (f)	krabbe (f)	['kʁabə]
Garnele (f)	reje (f)	['ʁajə]
Auster (f)	østers (f)	['østʌs]
Languste (f)	languster (f)	[laŋ'gustʌ]
Krake (m)	blæksprutte (f)	['blɛkˌspʁutə]
Kalmar (m)	blæksprutte (f)	['blɛkˌspʁutə]
Störfleisch (n)	stør (f)	['støʔɐ̯]
Lachs (m)	laks (f)	['laks]
Heilbutt (m)	helleflynder (f)	['hɛləˌflønʌ]
Dorsch (m)	torsk (f)	['tɒːsk]
Makrele (f)	makrel (f)	[mɑ'kʁalʔ]
Tunfisch (m)	tunfisk (f)	['tuːnˌfesk]
Aal (m)	ål (f)	['ɔʔl]
Forelle (f)	ørred (f)	['œɐ̯ʌð]
Sardine (f)	sardin (f)	[sɑ'diʔn]
Hecht (m)	gedde (f)	['geðə]
Hering (m)	sild (f)	['silʔ]
Brot (n)	brød (i)	['bʁœð]
Käse (m)	ost (f)	['ɔst]
Zucker (m)	sukker (i)	['sɔkʌ]
Salz (n)	salt (i)	['salʔt]
Reis (m)	ris (f)	['ʁiʔs]
Teigwaren (pl)	pasta (f)	['pasta]
Nudeln (pl)	nudler (f pl)	['nuðʔlʌ]
Butter (f)	smør (i)	['smɶɐ̯]
Pflanzenöl (n)	vegetabilsk olie (f)	[vegəta'biʔlsk 'oljə]

Sonnenblumenöl (n)	solsikkeolie (f)	['so:lˌsekə ˌoljə]
Margarine (f)	margarine (f)	[mɑɡɑˈʁiːnə]
Oliven (pl)	oliven (f pl)	[oˈliˀvən]
Olivenöl (n)	olivenolie (f)	[oˈliˀvənˌoljə]
Milch (f)	mælk (f)	['mɛlˀk]
Kondensmilch (f)	kondenseret mælk (f)	[kʌndənˈseˀʌð mɛlˀk]
Joghurt (m)	yoghurt (f)	['joˌɡuɐ̯ˀt]
saure Sahne (f)	cremefraiche,	[kʁɛːmˈfʁɛːɕ],
	syrnet fløde (f)	['syɡnəð 'fløːðə]
Sahne (f)	fløde (f)	['fløːðə]
Mayonnaise (f)	mayonnaise (f)	[mɑjoˈnɛːs]
Buttercreme (f)	creme (f)	['kʁɛˀm]
Grütze (f)	gryn (i)	['ɡʁyˀn]
Mehl (n)	mel (i)	['meˀl]
Konserven (pl)	konserves (f)	[kɔnˈsæɡvəs]
Maisflocken (pl)	cornflakes (pl)	['koɡnˌflɛks]
Honig (m)	honning (f)	['hʌnen]
Marmelade (f)	syltetøj (i)	['syltəˌtʌj]
Kaugummi (m, n)	tyggegummi (i)	['tyɡəˌɡomi]

53. Getränke

Wasser (n)	vand (i)	['vanˀ]
Trinkwasser (n)	drikkevand (i)	['dʁɛkəˌvanˀ]
Mineralwasser (n)	mineralvand (i)	[minəˈʁalˌvanˀ]
still	uden brus	['uðən 'bʁuˀs]
mit Kohlensäure	med kulsyre	[mɛ 'bʁuˀs]
mit Gas	med brus	[mɛ 'bʁuˀs]
Eis (n)	is (f)	['iˀs]
mit Eis	med is	[mɛ 'iˀs]
alkoholfrei (Adj)	alkoholfri	['alkohʌlˌfʁiˀ]
alkoholfreies Getränk (n)	alkoholfri drik (f)	['alkohʌlˌfʁiˀ 'dʁɛk]
Erfrischungsgetränk (n)	læskedrik (f)	['lɛskəˌdʁɛk]
Limonade (f)	limonade (f)	[limoˈnæːðə]
Spirituosen (pl)	alkoholiske drikke (f pl)	[alkoho'liskə 'dʁɛkə]
Wein (m)	vin (f)	['viˀn]
Weißwein (m)	hvidvin (f)	['viðˌviˀn]
Rotwein (m)	rødvin (f)	['ʁœðˌviˀn]
Likör (m)	likør (f)	[liˈkøˀɐ̯]
Champagner (m)	champagne (f)	[ɕɑmˈpɑnjə]
Wermut (m)	vermouth (f)	['væɡmut]

Whisky (m)	**whisky** (f)	['wiski]
Wodka (m)	**vodka** (f)	['vʌdka]
Gin (m)	**gin** (f)	['djen]
Kognak (m)	**cognac, konjak** (f)	['kʌnʲjɑg]
Rum (m)	**rom** (f)	['ʁʌmˀ]
Kaffee (m)	**kaffe** (f)	['kɑfə]
schwarzer Kaffee (m)	**sort kaffe** (f)	['soɐ̯t 'kɑfə]
Milchkaffee (m)	**kaffe** (f) **med mælk**	['kɑfə mɛ 'mɛlˀk]
Cappuccino (m)	**cappuccino** (f)	[kɑpu'tʲjiːno]
Pulverkaffee (m)	**pulverkaffe** (f)	['pʌlvʌˌkɑfə]
Milch (f)	**mælk** (f)	['mɛlˀk]
Cocktail (m)	**cocktail** (f)	['kʌkˌtɛjl]
Milchcocktail (m)	**milkshake** (f)	['milkˌɕɛjk]
Saft (m)	**juice** (f)	['dʒuːs]
Tomatensaft (m)	**tomatjuice** (f)	[to'mæːtˌdʒuːs]
Orangensaft (m)	**appelsinjuice** (f)	[ɑpəl'siˀn 'dʒuːs]
frisch gepresster Saft (m)	**friskpresset juice** (f)	['fʁɛskˌpʁɑsəð 'dʒuːs]
Bier (n)	**øl** (i)	['øl]
Helles (n)	**lyst øl** (i)	['lyst ˌøl]
Dunkelbier (n)	**mørkt øl** (i)	['mœɐ̯kt ˌøl]
Tee (m)	**te** (f)	['teˀ]
schwarzer Tee (m)	**sort te** (f)	['soɐ̯t ˌteˀ]
grüner Tee (m)	**grøn te** (f)	['gʁœnˀ ˌteˀ]

54. Gemüse

Gemüse (n)	**grøntsager** (pl)	['gʁœntˌsæˀjʌ]
grünes Gemüse (pl)	**grønt** (i)	['gʁœnˀt]
Tomate (f)	**tomat** (f)	[to'mæˀt]
Gurke (f)	**agurk** (f)	[a'guɐ̯k]
Karotte (f)	**gulerod** (f)	['guleˌʁoˀð]
Kartoffel (f)	**kartoffel** (f)	[kɑ'tʌfəl]
Zwiebel (f)	**løg** (i)	['lʌjˀ]
Knoblauch (m)	**hvidløg** (i)	['viðˌlʌjˀ]
Kohl (m)	**kål** (f)	['kɔˀl]
Blumenkohl (m)	**blomkål** (f)	['blʌmˌkɔˀl]
Rosenkohl (m)	**rosenkål** (f)	['ʁoːsənˌkɔˀl]
Brokkoli (m)	**broccoli** (f)	['bʁʌkoli]
Rote Bete (f)	**rødbede** (f)	[ʁœð'beːðə]
Aubergine (f)	**aubergine** (f)	[obæɐ̯'ɕiːn]
Zucchini (f)	**squash, zucchini** (f)	['sgwʌɕ], [su'kiːni]
Kürbis (m)	**græskar** (i)	['gʁaskɑ]

Rübe (f)	**majroe** (f)	['mɑjˌʁoːə]
Petersilie (f)	**persille** (f)	[pæɐ̯'selə]
Dill (m)	**dild** (f)	['dil']
Kopf Salat (m)	**salat** (f)	[sa'læˀt]
Sellerie (m)	**selleri** (f)	['selʌˌʁi']
Spargel (m)	**asparges** (f)	[a'spɑ's]
Spinat (m)	**spinat** (f)	[spi'næˀt]
Erbse (f)	**ærter** (f pl)	['æɐ̯ˀtʌ]
Bohnen (pl)	**bønner** (f pl)	['bœnʌ]
Mais (m)	**majs** (f)	['mɑj's]
weiße Bohne (f)	**bønne** (f)	['bœnə]
Paprika (m)	**peber** (i, f)	['pewʌ]
Radieschen (n)	**radiser** (f pl)	[ʁa'disə]
Artischocke (f)	**artiskok** (f)	[ˌɑːti'skʌk]

55. Obst. Nüsse

Frucht (f)	**frugt** (f)	['fʁɔgt]
Apfel (m)	**æble** (i)	['ɛˀblə]
Birne (f)	**pære** (f)	['pɛˀʌ]
Zitrone (f)	**citron** (f)	[si'tʁoˀn]
Apfelsine (f)	**appelsin** (f)	[ɑpəl'si'n]
Erdbeere (f)	**jordbær** (i)	['joɐ̯ˌbæɐ̯]
Mandarine (f)	**mandarin** (f)	[mandɑ'ʁiˀn]
Pflaume (f)	**blomme** (f)	['blʌmə]
Pfirsich (m)	**fersken** (f)	['fæɐ̯skən]
Aprikose (f)	**abrikos** (f)	[abʁi'ko's]
Himbeere (f)	**hindbær** (i)	['henˌbæɐ̯]
Ananas (f)	**ananas** (f)	['ananas]
Banane (f)	**banan** (f)	[ba'næˀn]
Wassermelone (f)	**vandmelon** (f)	['van me'lo'n]
Weintrauben (pl)	**drue** (f)	['dʁuːə]
Sauerkirsche (f)	**kirsebær** (i)	['kiɐ̯səˌbæɐ̯]
Süßkirsche (f)	**morel** (f)	[mo'ʁal']
Melone (f)	**melon** (f)	[me'lo'n]
Grapefruit (f)	**grapefrugt** (f)	['gʁɛjpˌfʁɔgt]
Avocado (f)	**avokado** (f)	[avo'kæːdo]
Papaya (f)	**papaja** (f)	[pa'pɑja]
Mango (f)	**mango** (f)	['mɑŋgo]
Granatapfel (m)	**granatæble** (i)	[gʁa'næˀtˌɛːblə]
rote Johannisbeere (f)	**ribs** (i, f)	['ʁɛbs]
schwarze Johannisbeere (f)	**solbær** (i)	['soːlˌbæɐ̯]
Stachelbeere (f)	**stikkelsbær** (i)	['stekəlsˌbæɐ̯]

| Heidelbeere (f) | blåbær (i) | ['blɔˀˌbæɡ] |
| Brombeere (f) | brombær (i) | ['bʁɔmˌbæɡ] |

Rosinen (pl)	rosin (f)	[ʁo'siˀn]
Feige (f)	figen (f)	['fiːən]
Dattel (f)	daddel (f)	['daðˀəl]

Erdnuss (f)	jordnød (f)	['joɡˌnøðˀ]
Mandel (f)	mandel (f)	['manˀəl]
Walnuss (f)	valnød (f)	['valˌnøðˀ]
Haselnuss (f)	hasselnød (f)	['hasəlˌnøðˀ]
Kokosnuss (f)	kokosnød (f)	['koːkosˌnøðˀ]
Pistazien (pl)	pistacier (f pl)	[pi'stæːɕʌ]

56. Brot. Süßigkeiten

Konditorwaren (pl)	konditorvarer (f pl)	[kʌn'ditʌˌvaːɑ]
Brot (n)	brød (i)	['bʁœðˀ]
Keks (m, n)	småkager (f pl)	['smʌˌkæːjʌ]

Schokolade (f)	chokolade (f)	[ɕoko'læːðə]
Schokoladen-	chokolade-	[ɕoko'læːðə-]
Bonbon (m, n)	konfekt, karamel (f)	[kɔn'fɛkt], [kɑɑ'mɛlˀ]
Kuchen (m)	kage (f)	['kæːjə]
Torte (f)	lagkage (f)	['lɑwˌkæːjə]

| Kuchen (Apfel-) | pie (f) | ['pɑːj] |
| Füllung (f) | fyld (i, f) | ['fylˀ] |

Konfitüre (f)	syltetøj (i)	['syltəˌtʌj]
Marmelade (f)	marmelade (f)	[mamə'læːðə]
Waffeln (pl)	vaffel (f)	['vafəl]
Eis (n)	is (f)	['iˀs]
Pudding (m)	budding (f)	['buðeŋ]

57. Gewürze

Salz (n)	salt (i)	['salˀt]
salzig (Adj)	saltet	['saltəð]
salzen (vt)	at salte	[ʌ 'saltə]

schwarzer Pfeffer (m)	sort peber (i, f)	['soɡt 'pewʌ]
roter Pfeffer (m)	rød peber (i, f)	['ʁœð 'pewʌ]
Senf (m)	sennep (f)	['senʌp]
Meerrettich (m)	peberrod (f)	['pewʌˌʁoˀð]

| Gewürz (n) | krydderi (i) | [kʁyðʌ'ʁiˀ] |
| Gewürz (n) | krydderi (i) | [kʁyðʌ'ʁiˀ] |

| Soße (f) | **sovs, sauce** (f) | ['sɒwˀs] |
| Essig (m) | **eddike** (f) | ['ɛðikə] |

Anis (m)	**anis** (f)	['anis]
Basilikum (n)	**basilikum** (f)	[ba'silˀikɔm]
Nelke (f)	**nellike** (f)	['nelˀekə]
Ingwer (m)	**ingefær** (f)	['eŋəˌfæɐ̯]
Koriander (m)	**koriander** (f)	[kɒi'anˀdʌ]
Zimt (m)	**kanel** (i, f)	[ka'neˀl]

Sesam (m)	**sesam** (f)	['se:sɑm]
Lorbeerblatt (n)	**laurbærblad** (i)	['lɑwʌbæɐ̯ˌblað]
Paprika (m)	**paprika** (f)	['pɑpʁika]
Kümmel (m)	**kommen** (f)	['kʌmən]
Safran (m)	**safran** (i, f)	[sa'fʁɑˀn]

T&P BOOKS

PERSÖNLICHE INFORMATIONEN. FAMILIE

T&P Books Publishing

58. Persönliche Informationen. Formulare

Vorname (m)	navn (i)	['nɑwˀn]
Name (m)	efternavn (i)	['ɛftʌˌnɑwˀn]
Geburtsdatum (n)	fødselsdato (f)	['føsəlsˌdæ:to]
Geburtsort (m)	fødested (i)	['fø:ðəˌstɛð]
Nationalität (f)	nationalitet (f)	[naɕonali'teˀt]
Wohnort (m)	bopæl (i)	['boˌpɛˀl]
Land (n)	land (i)	['lanˀ]
Beruf (m)	fag (i), profession (f)	['fæˀj], [pʁofə'ɕoˀn]
Geschlecht (n)	køn (i)	['kœnˀ]
Größe (f)	højde (f)	['hʌjˀdə]
Gewicht (n)	vægt (f)	['vɛgt]

59. Familienmitglieder. Verwandte

Mutter (f)	mor (f), moder (f)	['moɐ̯], ['mo:ðʌ]
Vater (m)	far (f), fader (f)	['fɑ:], ['fæ:ðʌ]
Sohn (m)	søn (f)	['sœn]
Tochter (f)	datter (f)	['datʌ]
jüngste Tochter (f)	yngste datter (f)	['øŋˀstə 'datʌ]
jüngste Sohn (m)	yngste søn (f)	['øŋˀstə 'sœn]
ältere Tochter (f)	ældste datter (f)	['ɛlˀstə 'datʌ]
älterer Sohn (m)	ældste søn (f)	['ɛlˀstə sœn]
Bruder (m)	bror (f)	['bʁoɐ̯]
älterer Bruder (m)	storebror (f)	['stoɐ̯ˌbʁoɐ̯]
jüngerer Bruder (m)	lillebror (f)	['liləˌbʁoɐ̯]
Schwester (f)	søster (f)	['søstʌ]
ältere Schwester (f)	storesøster (f)	['stoɐ̯ˌsøstʌ]
jüngere Schwester (f)	lillesøster (f)	['liləˌsøstʌ]
Cousin (m)	fætter (f)	['fɛtʌ]
Cousine (f)	kusine (f)	[ku'si:nə]
Mama (f)	mor (f)	['moɐ̯]
Papa (m)	papa, far (f)	['pɑpɑ], ['fɑ:]
Eltern (pl)	forældre (pl)	[fʌ'ɛlˀdʁʌ]
Kind (n)	barn (i)	['bɑˀn]
Kinder (pl)	børn (pl)	['bœɐ̯ˀn]
Großmutter (f)	bedstemor (f)	['bɛstəˌmoɐ̯]
Großvater (m)	bedstefar (f)	['bɛstəˌfɑ:]

Enkel (m)	barnebarn (i)	['bɑːnəˌbɑʔn]
Enkelin (f)	barnebarn (i)	['bɑːnəˌbɑʔn]
Enkelkinder (pl)	børnebørn (pl)	['bœɐ̯nəˌbœɐ̯ʔn]

Onkel (m)	onkel (f)	['ɔŋʔkəl]
Tante (f)	tante (f)	['tantə]
Neffe (m)	nevø (f)	[ne'vø]
Nichte (f)	niece (f)	[ni'ɛːsə]

Schwiegermutter (f)	svigermor (f)	['sviʔʌˌmoɐ̯]
Schwiegervater (m)	svigerfar (f)	['sviʔʌˌfɑː]
Schwiegersohn (m)	svigersøn (f)	['sviʔʌˌsœn]
Stiefmutter (f)	stedmor (f)	['stɛðˌmoɐ̯]
Stiefvater (m)	stedfar (f)	['stɛðˌfɑː]

Säugling (m)	spædbarn (i)	['spɛðˌbɑʔn]
Kleinkind (n)	spædbarn (i)	['spɛðˌbɑʔn]
Kleine (m)	lille barn (i)	['lilə 'bɑʔn]

Frau (f)	kone (f)	['koːnə]
Mann (m)	mand (f)	['manʔ]
Ehemann (m)	ægtemand (f)	['ɛgtəˌmanʔ]
Gemahlin (f)	hustru (f)	['hustʁu]

verheiratet (Ehemann)	gift	['gift]
verheiratet (Ehefrau)	gift	['gift]
ledig	ugift	['uˌgift]
Junggeselle (m)	ungkarl (f)	['ɔŋˌkæʔl]
geschieden (Adj)	fraskilt	['fʁɑˌskelʔt]
Witwe (f)	enke (f)	['ɛŋkə]
Witwer (m)	enkemand (f)	['ɛŋkəˌmanʔ]

Verwandte (m)	slægtning (f)	['slɛgtneŋ]
naher Verwandter (m)	nær slægtning (f)	['nɛʔɐ̯ 'slɛgtneŋ]
entfernter Verwandter (m)	fjern slægtning (f)	['fjæɐ̯ʔn 'slɛgtneŋ]
Verwandte (pl)	slægtninge (pl)	['slɛgtneŋə]

Waise (m, f)	forældreløst barn (i)	[fʌ'ɛlʔdʁʌløːst bɑʔn]
Vormund (m)	formynder (f)	['foːˌmønʔʌ]
adoptieren (einen Jungen)	at adoptere	[ʌ adʌp'teʔʌ]
adoptieren (ein Mädchen)	at adoptere	[ʌ adʌp'teʔʌ]

60. Freunde. Arbeitskollegen

Freund (m)	ven (f)	['vɛn]
Freundin (f)	veninde (f)	[vɛn'enə]
Freundschaft (f)	venskab (i)	['vɛnˌskæʔb]
befreundet sein	at være venner	[ʌ 'vɛːʌ 'vɛnʌ]
Freund (m)	ven (f)	['vɛn]
Freundin (f)	veninde (f)	[vɛn'enə]

Partner (m)	**partner** (f)	['pɑːtnʌ]
Chef (m)	**chef** (f)	['ɕɛˀf]
Vorgesetzte (m)	**overordnet** (f)	['ɒwʌˌɒˀdnəð]
Besitzer (m)	**ejer** (f)	['ɑjʌ]
Untergeordnete (m)	**underordnet** (f)	['ɔnʌˌɒˀdnəð]
Kollege (m), Kollegin (f)	**kollega** (f)	[ko'leːga]
Bekannte (m)	**bekendt** (f)	[be'kɛnˀt]
Reisegefährte (m)	**medrejsende** (f)	['mɛðˌʁɑjˀsənə]
Mitschüler (m)	**klassekammerat** (f)	['klasə kɑməˈʁɑːt]
Nachbar (m)	**nabo** (f)	['næːbo]
Nachbarin (f)	**nabo** (f)	['næːbo]
Nachbarn (pl)	**naboer** (pl)	['næːboˀʌ]

MENSCHLICHER KÖRPER. MEDIZIN

T&P Books Publishing

Kopf (m)	hoved (i)	['ho:əð]
Gesicht (n)	ansigt (i)	['ansegt]
Nase (f)	næse (f)	['nɛ:sə]
Mund (m)	mund (f)	['mɔnˀ]
Auge (n)	øje (i)	['ʌjə]
Augen (pl)	øjne (i pl)	['ʌjnə]
Pupille (f)	pupil (f)	[pu'pilˀ]
Augenbraue (f)	øjenbryn (i)	['ʌjənˌbʁyˀn]
Wimper (f)	øjenvippe (f)	['ʌjənˌvepə]
Augenlid (n)	øjenlåg (i)	['ʌjənˌlɔˀw]
Zunge (f)	tunge (f)	['tɔŋə]
Zahn (m)	tand (f)	['tanˀ]
Lippen (pl)	læber (f pl)	['lɛ:bʌ]
Backenknochen (pl)	kindben (i pl)	['kenˌbeˀn]
Zahnfleisch (n)	tandkød (i)	['tanˌkøð]
Gaumen (m)	gane (f)	['gæ:nə]
Nasenlöcher (pl)	næsebor (i pl)	['nɛ:səˌboˀɐ̯]
Kinn (n)	hage (f)	['hæ:jə]
Kiefer (m)	kæbe (f)	['kɛ:bə]
Wange (f)	kind (f)	['kenˀ]
Stirn (f)	pande (f)	['panə]
Schläfe (f)	tinding (f)	['teneŋ]
Ohr (n)	øre (i)	['ø:ʌ]
Nacken (m)	nakke (f)	['nɑkə]
Hals (m)	hals (f)	['halˀs]
Kehle (f)	strube, hals (f)	['stʁu:bə], ['halˀs]
Haare (pl)	hår (i pl)	['hɒˀ]
Frisur (f)	frisure (f)	[fʁi'sy:ʌ]
Haarschnitt (m)	klipning (f)	['klepneŋ]
Perücke (f)	paryk (f)	[pɑ'ʁœk]
Schnurrbart (m)	moustache (f)	[mu'stæ:ɕ]
Bart (m)	skæg (i)	['skɛˀg]
haben (einen Bart ~)	at have	[ʌ 'hæ:və]
Zopf (m)	fletning (f)	['flɛtneŋ]
Backenbart (m)	bakkenbart (f)	['bɑkənˌbɑˀt]
rothaarig	rødhåret	['ʁœðˌhɒˀ'ɒð]
grau	grå	['gʁɔˀ]

| kahl | skaldet | ['skaləð] |
| Glatze (f) | skaldet plet (f) | ['skaləðˌplɛt] |

| Pferdeschwanz (m) | hestehale (f) | ['hɛstəˌhæ:lə] |
| Pony (Ponyfrisur) | pandehår (i) | ['panəˌhɒ'] |

62. Menschlicher Körper

| Hand (f) | hånd (f) | ['hʌn'] |
| Arm (m) | arm (f) | ['ɑ'm] |

Finger (m)	finger (f)	['feŋ'ʌ]
Zehe (f)	tå (f)	['tɒ']
Daumen (m)	tommel (f)	['tʌməl]
kleiner Finger (m)	lillefinger (f)	['liləˌfeŋ'ʌ]
Nagel (m)	negl (f)	['nɑj'l]

Faust (f)	knytnæve (f)	['knytˌnɛ:və]
Handfläche (f)	håndflade (f)	['hʌnˌflæ:ðə]
Handgelenk (n)	håndled (i)	['hʌnˌleð]
Unterarm (m)	underarm (f)	['ɔnʌˌɑ:m]
Ellbogen (m)	albue (f)	['alˌbu:ə]
Schulter (f)	skulder (f)	['skulʌ]

Bein (n)	ben (i)	['be'n]
Fuß (m)	fod (f)	['fo'ð]
Knie (n)	knæ (i)	['knɛ']
Wade (f)	læg (f)	['lɛ'g]

| Hüfte (f) | hofte (f) | ['hʌftə] |
| Ferse (f) | hæl (f) | ['hɛ'l] |

Körper (m)	krop (f)	['kʁʌp]
Bauch (m)	mave (f)	['mæ:və]
Brust (f)	bryst (i)	['bʁœst]
Busen (m)	bryst (i)	['bʁœst]
Seite (f), Flanke (f)	side (f)	['si:ðə]
Rücken (m)	ryg (f)	['ʁœg]

| Kreuz (n) | lænderyg (f) | ['lɛnəˌʁœg] |
| Taille (f) | midje, talje (f) | ['miðjə], ['taljə] |

Nabel (m)	navle (f)	['nɑwlə]
Gesäßbacken (pl)	baller, balder (f pl)	['balʌ]
Hinterteil (n)	bag (f)	['bæ'j]

Leberfleck (m)	skønhedsplet (f)	['skœnheðsˌplɛt]
Muttermal (n)	modermærke (i)	['mo:ðʌ'mæʁkə]
Tätowierung (f)	tatovering (f)	[tato've'ʁeŋ]
Narbe (f)	ar (i)	['ɑ']

63. Krankheiten

Krankheit (f)	**sygdom** (f)	['sy:ˌdʌmˀ]
krank sein	**at være syg**	[ʌ 'vɛːʌ syˀ]
Gesundheit (f)	**helse, sundhed** (f)	['hɛlsə], ['sɔnˌheðˀ]
Schnupfen (m)	**snue** (f)	['snu:ə]
Angina (f)	**angina** (f)	[ɑŋ'gi:na]
Erkältung (f)	**forkølelse** (f)	[fʌ'køˀləlsə]
sich erkälten	**at blive forkølet**	[ʌ 'bli:ə fʌ'køˀləð]
Bronchitis (f)	**bronkitis** (f)	[bʁʌŋ'kitis]
Lungenentzündung (f)	**lungebetændelse** (f)	['lɔŋə be'tɛnˀəlsə]
Grippe (f)	**influenza** (f)	[enflu'ɛnsa]
kurzsichtig	**nærsynet**	['næɐ̯ˌsyˀnəð]
weitsichtig	**langsynet**	['laŋˌsyˀnəð]
Schielen (n)	**skeløjethed** (f)	['skelˌʌjəðˌheðˀ]
schielend (Adj)	**skeløjet**	['skelˌʌjˀəð]
grauer Star (m)	**grå stær** (f)	['gʁɔˀ 'stɛˀɐ̯]
Glaukom (n)	**glaukom** (i), **grøn stær** (f)	[glɑw'koˀm], ['gʁɶnˀ 'stɛˀɐ̯]
Schlaganfall (m)	**hjerneblødning** (f)	['jæɐ̯nəˌbløðnəŋ]
Infarkt (m)	**infarkt** (i, f)	[en'faːkt]
Herzinfarkt (m)	**hjerteinfarkt** (i, f)	['jæɐ̯tə en'faːkt]
Lähmung (f)	**lammelse** (f)	['laməlsə]
lähmen (vt)	**at lamme, at paralysere**	[ʌ 'lamə], [ʌ paaly'seˀʌ]
Allergie (f)	**allergi** (f)	[alæɐ̯'giˀ]
Asthma (n)	**astma** (f)	['astma]
Diabetes (m)	**diabetes** (f)	[dia'be:təs]
Zahnschmerz (m)	**tandpine** (f)	['tanˌpi:nə]
Karies (f)	**caries, karies** (f)	['kɑˀiəs]
Durchfall (m)	**diarre** (f)	[dia'ʁɛ]
Verstopfung (f)	**forstoppelse** (f)	[fʌ'stʌpəlsə]
Magenverstimmung (f)	**mavebesvær** (i)	['mæːvəˌbe'svɛˀɐ̯]
Vergiftung (f)	**madforgiftning** (f)	['maðfʌˌgiftnəŋ]
Vergiftung bekommen	**at få madforgiftning**	[ʌ 'fɔˀ 'maðfʌˌgiftəˀ]
Arthritis (f)	**artritis** (f)	[ɑ'tʁitis]
Rachitis (f)	**rakitis** (f)	[ʁɑ'kitis]
Rheumatismus (m)	**reumatisme** (f)	[ʁʌjma'tismə]
Atherosklerose (f)	**arterieforkalkning** (f)	[ɑ'teˀɐ̯iə fʌ'kalˀknəŋ]
Gastritis (f)	**gastritis** (f)	[ga'stʁitis]
Blinddarmentzündung (f)	**appendicit** (f)	[apɛndi'sit]
Cholezystitis (f)	**galdeblærebetændelse** (f)	['galəˌblɛːʌ be'tɛnˀəlsə]
Geschwür (n)	**mavesår** (i)	['mæːvəˌsɔˀ]
Masern (pl)	**mæslinger** (pl)	['mɛsˌleŋˀʌ]

Röteln (pl)	røde hunde (f)	['ʁœːðə 'hunə]
Gelbsucht (f)	gulsot (f)	['gulˌsoˀt]
Hepatitis (f)	hepatitis (f)	[hepaˈtitis]

Schizophrenie (f)	skizofreni (f)	[skidsofʁɛˈniˀ]
Tollwut (f)	rabies (f)	['ʁɑˀbjɛs]
Neurose (f)	neurose (f)	[nœwˈʁoːsə]
Gehirnerschütterung (f)	hjernerystelse (f)	['jæɐ̯nəˌʁœstəlsə]

Krebs (m)	kræft (f), cancer (f)	['kʁaft], ['kanˀsʌ]
Sklerose (f)	sklerose (f)	[skləˈʁoːsə]
multiple Sklerose (f)	multipel sklerose (f)	[mulˈtiˀpəl skləˈʁoːsə]

Alkoholismus (m)	alkoholisme (f)	[alkohoˈlismə]
Alkoholiker (m)	alkoholiker (f)	[alkoˈhoˀlikʌ]
Syphilis (f)	syfilis (f)	['syfilis]
AIDS	AIDS (f)	['ɛjds]

Tumor (m)	svulst, tumor (f)	['svulˀst], ['tuːmɒ]
bösartig	ondartet, malign	['ɔnˌɑˀdəð], [maˈliˀn]
gutartig	godartet, benign	['goðˌɑˀtəð], [beˈniˀn]
Fieber (n)	feber (f)	['feˀbʌ]
Malaria (f)	malaria (f)	[maˈlɑˀia]
Gangrän (f, n)	koldbrand (f)	['kʌlˌbʁɑnˀ]
Seekrankheit (f)	søsyge (f)	['søˌsyːə]
Epilepsie (f)	epilepsi (f)	[epilɛpˈsiˀ]

Epidemie (f)	epidemi (f)	[epedəˈmiˀ]
Typhus (m)	tyfus (f)	['tyfus]
Tuberkulose (f)	tuberkulose (f)	[tubæɐ̯kuˈloːsə]
Cholera (f)	kolera (f)	['koˀləʁɑ]
Pest (f)	pest (f)	['pɛst]

64. Symptome. Behandlungen. Teil 1

Symptom (n)	symptom (i)	[symˈtoˀm]
Temperatur (f)	temperatur (f)	[tɛmpʁɑˈtuɐ̯ˀ]
Fieber (n)	høj temperatur, feber (f)	['hʌj tɛmpʁɑˈtuɐ̯ˀ], ['feˀbʌ]
Puls (m)	puls (f)	['pulˀs]

Schwindel (m)	svimmelhed (f)	['svemˀəlˌheðˀ]
heiß (Stirne usw.)	varm	['vɑˀm]
Schüttelfrost (m)	gysen (f)	['gyːsən]
blass (z.B. -es Gesicht)	bleg	['blɑjˀ]

Husten (m)	hoste (f)	['hoːstə]
husten (vi)	at hoste	[ʌ 'hoːstə]
niesen (vi)	at nyse	[ʌ 'nyːsə]
Ohnmacht (f)	besvimelse (f)	[beˈsviˀməlsə]
ohnmächtig werden	at besvime	[ʌ beˈsviˀmə]

blauer Fleck (m)	blåt mærke (i)	['blʌt 'mæɐ̯kə]
Beule (f)	bule (f)	['bu:lə]
sich stoßen	at slå sig	[ʌ 'slɔ' saj]
Prellung (f)	blåt mærke (i)	['blʌt 'mæɐ̯kə]
sich stoßen	at støde sig	[ʌ 'sdø:ðə saj]

hinken (vi)	at halte	[ʌ 'haltə]
Verrenkung (f)	forvridning (f)	[fʌ'vʁið'nen]
ausrenken (vt)	at forvride	[ʌ fʌ'vʁið'ə]
Fraktur (f)	brud (i), fraktur (f)	['bʁuð], [fʁak'tuɐ̯']
brechen (Arm usw.)	at få et brud	[ʌ 'fɔ' ed 'bʁuð]

Schnittwunde (f)	snitsår (i)	['snit‚sɔ']
sich schneiden	at skære sig	[ʌ 'skɛːʌ saj]
Blutung (f)	blødning (f)	['bløðnen]

| Verbrennung (f) | brandsår (i) | ['bʁan‚sɒ'] |
| sich verbrennen | at brænde sig | [ʌ 'bʁanə saj] |

stechen (vt)	at stikke	[ʌ 'stekə]
sich stechen	at stikke sig	[ʌ 'stekə saj]
verletzen (vt)	at skade	[ʌ 'skæ:ðə]
Verletzung (f)	skade (f)	['skæ:ðə]
Wunde (f)	sår (i)	['sɒ']
Trauma (n)	traume, trauma (i)	['tʁawmə], ['tʁawma]

irrereden (vi)	at tale i vildelse	[ʌ 'tæ:lə i 'vilelsə]
stottern (vi)	at stamme	[ʌ 'stamə]
Sonnenstich (m)	solstik (i)	['so:l‚stek]

65. Symptome. Behandlungen. Teil 2

| Schmerz (m) | smerte (f) | ['smæɐ̯tə] |
| Splitter (m) | splint (f) | ['splen'ʔt] |

Schweiß (m)	sved (f)	['sveð']
schwitzen (vi)	at svede	[ʌ 'sve:ðə]
Erbrechen (n)	opkastning (f)	['ʌp‚kastnen]
Krämpfe (pl)	kramper (f pl)	['kʁampʌ]

schwanger	gravid	[gʁa'við']
geboren sein	at fødes	[ʌ 'fø:ðəs]
Geburt (f)	fødsel (f)	['føsəl]
gebären (vt)	at føde	[ʌ 'fø:ðə]
Abtreibung (f)	abort (f)	[a'bɒ't]

Atem (m)	åndedræt (i)	['ʌnə‚dʁat]
Atemzug (m)	indånding (f)	['en‚ʌn'en]
Ausatmung (f)	udånding (f)	['uð‚ʌn'en]
ausatmen (vt)	at ånde ud	[ʌ 'ʌnə uð]

einatmen (vt)	at ånde ind	[ʌ 'ʌnə en']
Invalide (m)	handikappet person (f)	['handiˌkapəð pæɡ'so'n]
Krüppel (m)	krøbling (f)	['kʁœblen]
Drogenabhängiger (m)	narkoman (f)	[nɑko'mæ'n]
taub	døv	['dø'w]
stumm	stum	['stɔm']
taubstumm	døvstum	['døwˌstɔm']
verrückt (Adj)	gal, sindssyg	['gæ'l], ['sen'ˌsy']
Irre (m)	gal mand (f)	['gæ'l 'man']
Irre (f)	gal kvinde (f)	['gæ'l 'kvenə]
den Verstand verlieren	at blive sindssyg	[ʌ 'bli:ə 'sen'ˌsy']
Gen (n)	gen (i)	['ge'n]
Immunität (f)	immunitet (f)	[imuni'te't]
erblich	arvelig	['ɑ:vəli]
angeboren	medfødt	['mɛðˌfø't]
Virus (m, n)	virus (i, f)	['vi:ʁus]
Mikrobe (f)	mikrobe (f)	[mi'kʁo:bə]
Bakterie (f)	bakterie (f)	[bɑk'teɡ'iə]
Infektion (f)	infektion (f)	[enfɛk'ɕo'n]

66. Symptome. Behandlungen. Teil 3

Krankenhaus (n)	sygehus (i)	['sy:əˌhu's]
Patient (m)	patient (f)	[pa'ɕɛn't]
Diagnose (f)	diagnose (f)	[dia'gno:sə]
Heilung (f)	kur, behandling (f)	['kuɡ'], [be'han'len]
Behandlung (f)	behandling (f)	[be'han'len]
Behandlung bekommen	at blive behandlet	[ʌ 'bli:ə be'han'ləð]
behandeln (vt)	at behandle	[ʌ be'han'lə]
pflegen (Kranke)	at pleje	[ʌ 'plɑjə]
Pflege (f)	pleje (f)	['plɑjə]
Operation (f)	operation (f)	[opəʁa'ɕo'n]
verbinden (vt)	at forbinde	[ʌ fʌ'ben'ə]
Verband (m)	forbinding (f)	[fʌ'ben'en]
Impfung (f)	vaccination (f)	[vɑgsina'ɕo'n]
impfen (vt)	at vaccinere	[ʌ vɑksi'ne'ʌ]
Spritze (f)	injektion (f)	[enjɛk'ɕo'n]
eine Spritze geben	at give en sprøjte	[ʌ 'gi' en 'spʁʌjtə]
Anfall (m)	anfald (i)	['anˌfal']
Amputation (f)	amputation (f)	[ɑmputa'ɕo'n]
amputieren (vt)	at amputere	[ʌ ɑmpu'te'ʌ]
Koma (n)	koma (f)	['ko:ma]

| im Koma liegen | at ligge i koma | [ʌ 'legə i 'ko:ma] |
| Reanimation (f) | intensivafdeling (f) | ['entən̩siw' 'aw̩de'leŋ] |

genesen von … (vi)	at blive rask	[ʌ 'bli:ə 'ʀask]
Zustand (m)	tilstand (f)	['tel̩stan']
Bewusstsein (n)	bevidsthed (f)	[be'vest̩heð']
Gedächtnis (n)	hukommelse (f)	[hu'kʌmˀəlsə]

ziehen (einen Zahn ~)	at trække ud	[ʌ 'tʀakə uð']
Plombe (f)	plombe (f)	['plɔmbə]
plombieren (vt)	at plombere	[ʌ plɔm'be'ʌ]

| Hypnose (f) | hypnose (f) | [hyp'no:sə] |
| hypnotisieren (vt) | at hypnotisere | [ʌ hypnoti'se'ʌ] |

67. Medizin. Medikamente. Accessoires

Arznei (f)	medicin (f)	[medi'siˀn]
Heilmittel (n)	middel (i)	['miðˀəl]
verschreiben (vt)	at ordinere	[ʌ ɒdi'ne'ʌ]
Rezept (n)	recept (f)	[ʀɛ'sɛpt]

Tablette (f)	tablet (f), pille (f)	[tab'lɛt], ['pelə]
Salbe (f)	salve (f)	['salvə]
Ampulle (f)	ampul (f)	[am'pulˀ]
Mixtur (f)	mikstur (f)	[meks'tuɐ̯ˀ]
Sirup (m)	sirup (f)	['siˀʀɔp]
Pille (f)	pille (f)	['pelə]
Pulver (n)	pulver (i)	['pɔlˀvʌ]

Verband (m)	gazebind (i)	['gæ:sə̩benˀ]
Watte (f)	vat (i)	['vat]
Jod (n)	jod (i, f)	['joˀð]

Pflaster (n)	plaster (i)	['plastʌ]
Pipette (f)	pipette (f)	[pi'pɛtə]
Thermometer (n)	termometer (i)	[tæɐ̯mo'meˀtʌ]
Spritze (f)	sprøjte (f)	['spʀʌjtə]

| Rollstuhl (m) | kørestol (f) | ['kø:ʌ̩stoˀl] |
| Krücken (pl) | krykker (f pl) | ['kʀɶkə] |

| Betäubungsmittel (n) | smertestillende medicin (i) | ['smæɐ̯də̩stelənə medi'siˀn] |

Abführmittel (n)	laksativ (i)	[laksa'tiwˀ]
Spiritus (m)	sprit (f)	['spʀit]
Heilkraut (n)	lægeurter (f pl)	['lɛ:jə̩uɐ̯ˀtʌ]
Kräuter- (z.B. Kräutertee)	urte=	['uɐ̯tə-]

WOHNUNG

T&P Books Publishing

68. Wohnung

Wohnung (f)	lejlighed (f)	['lɑjliˌheð']
Zimmer (n)	rum, værelse (i)	['ʁɔm'], ['væɐ̯ʌlsə]
Schlafzimmer (n)	soveværelse (i)	['sɒwəˌvæɐ̯ʌlsə]
Esszimmer (n)	spisestue (f)	['spiːsəˌstuːə]
Wohnzimmer (n)	dagligstue (f)	['dɑwliˌstuːə]
Arbeitszimmer (n)	arbejdsværelse (i)	['ɑːbɑjdsˌvæɐ̯ʌlsə]
Vorzimmer (n)	entre (f), forstue (f)	[ɑŋ'tʁɛ], ['fɒˌstuːə]
Badezimmer (n)	badeværelse (i)	['bæːðəˌvæɐ̯ʌlsə]
Toilette (f)	toilet (i)	[toa'lɛt]
Decke (f)	loft (i)	['lʌft]
Fußboden (m)	gulv (i)	['gɔl]
Ecke (f)	hjørne (i)	['jœɐ̯'nə]

69. Möbel. Innenausstattung

Möbel (n)	møbler (pl)	['møˀblʌ]
Tisch (m)	bord (i)	['boˀɐ̯]
Stuhl (m)	stol (f)	['stoˀl]
Bett (n)	seng (f)	['sɛŋˀ]
Sofa (n)	sofa (f)	['soːfa]
Sessel (m)	lænestol (f)	['lɛːnəˌstoˀl]
Bücherschrank (m)	bogskab (i)	['bɔwˌskæːb]
Regal (n)	hylde (f)	['hylə]
Schrank (m)	klædeskab (i)	['klɛːðəˌskæˀb]
Hakenleiste (f)	knagerække (f)	['knæːjəˌʁakə]
Kleiderständer (m)	stumtjener (f)	['stɔmˌtjɛːnʌ]
Kommode (f)	kommode (f)	[ko'moːðə]
Couchtisch (m)	sofabord (i)	['soːfaˌboˀɐ̯]
Spiegel (m)	spejl (i)	['spɑjˀl]
Teppich (m)	tæppe (i)	['tɛpə]
Matte (kleiner Teppich)	lille tæppe (i)	['lilə 'tɛpə]
Kamin (m)	pejs (f), kamin (f)	['pɑjˀs], [ka'miˀn]
Kerze (f)	lys (i)	['lyˀs]
Kerzenleuchter (m)	lysestage (f)	['lysəˌstæːjə]
Vorhänge (pl)	gardiner (i pl)	[gɑ'diˀnʌ]

Tapete (f)	**tapet** (i)	[taˈpeˀt]
Jalousie (f)	**persienne** (f)	[pæɡˈɛnə]
Tischlampe (f)	**bordlampe** (f)	[ˈboɡˌlampə]
Leuchte (f)	**væglampe** (f)	[ˈvɛɡˌlampə]
Stehlampe (f)	**standerlampe** (f)	[ˈstanʌˌlampə]
Kronleuchter (m)	**lysekrone** (f)	[ˈlysəˌkʁoːnə]
Bein (Tischbein usw.)	**ben** (i)	[ˈbeˀn]
Armlehne (f)	**armlæn** (i)	[ˈaˀmˌlɛˀn]
Lehne (f)	**ryg** (f), **ryglæn** (i)	[ˈʁœg], [ˈʁœgˌlɛˀn]
Schublade (f)	**skuffe** (f)	[ˈskɔfə]

70. Bettwäsche

Bettwäsche (f)	**sengetøj** (i)	[ˈsɛŋəˌtʌj]
Kissen (n)	**pude** (f)	[ˈpuːðə]
Kissenbezug (m)	**pudebetræk** (i)	[ˈpuːðə beˈtʁak]
Bettdecke (f)	**dyne** (f)	[ˈdyːnə]
Laken (n)	**lagen** (i)	[ˈlæjˀən]
Tagesdecke (f)	**sengetæppe** (i)	[ˈsɛŋəˌtɛpə]

71. Küche

Küche (f)	**køkken** (i)	[ˈkøkən]
Gas (n)	**gas** (f)	[ˈgas]
Gasherd (m)	**gaskomfur** (i)	[ˈgasˌkɔmˈfuɡˀ]
Elektroherd (m)	**elkomfur** (i)	[ˈɛlˌkɔmˈfuɡˀ]
Backofen (m)	**bageovn** (f)	[ˈbæːjəˌɒwˀn]
Mikrowellenherd (m)	**mikroovn** (f)	[ˈmikʁoˌɒwˀn]
Kühlschrank (m)	**køleskab** (i)	[ˈkøːləˌskæˀb]
Tiefkühltruhe (f)	**fryser** (f)	[ˈfʁyːsʌ]
Geschirrspülmaschine (f)	**opvaskemaskine** (f)	[ʌpˈvaskə maˈskiːnə]
Fleischwolf (m)	**kødhakker** (f)	[ˈkøðˌhakʌ]
Saftpresse (f)	**juicepresser** (f)	[ˈdʒuːsˌpʁasʌ]
Toaster (m)	**brødrister, toaster** (f)	[ˈbʁœðˌʁɛstʌ], [ˈtɔwstʌ]
Mixer (m)	**mikser, mixer** (f)	[ˈmeksʌ]
Kaffeemaschine (f)	**kaffemaskine** (f)	[ˈkafə maˈskiːnə]
Kaffeekanne (f)	**kaffekande** (f)	[ˈkafəˌkanə]
Kaffeemühle (f)	**kaffekværn** (f)	[ˈkafəˌkvæɡˀn]
Wasserkessel (m)	**kedel** (f)	[ˈkeðəl]
Teekanne (f)	**tekande** (f)	[ˈteˌkanə]
Deckel (m)	**låg** (i)	[ˈlɔˀw]
Teesieb (n)	**tesi** (f)	[ˈteˀˌsiˀ]

Löffel (m)	ske (f)	['ske']
Teelöffel (m)	teske (f)	['te',ske']
Esslöffel (m)	spiseske (f)	['spi:sə,ske']
Gabel (f)	gaffel (f)	['gafəl]
Messer (n)	kniv (f)	['kniw']
Geschirr (n)	service (i)	[sæɡ'vi:sə]
Teller (m)	tallerken (f)	[ta'læɡkən]
Untertasse (f)	underkop (f)	['ɔnʌ,kʌp]
Schnapsglas (n)	shotglas (i)	['ɕʌt,glas]
Glas (n)	glas (i)	['glas]
Tasse (f)	kop (f)	['kʌp]
Zuckerdose (f)	sukkerskål (f)	['sɔkʌ,skɔ'l]
Salzstreuer (m)	saltbøsse (f)	['salt,bøsə]
Pfefferstreuer (m)	peberbøsse (f)	['pewʌ,bøsə]
Butterdose (f)	smørskål (f)	['smœɡ,skɔ'l]
Kochtopf (m)	gryde (f)	['gʁy:ðə]
Pfanne (f)	stegepande (f)	['stɑjə,panə]
Schöpflöffel (m)	slev (f)	['slew']
Durchschlag (m)	dørslag (i)	['dœɡ,slæ'j]
Tablett (n)	bakke (f)	['bakə]
Flasche (f)	flaske (f)	['flaskə]
Glas (Einmachglas)	glasdåse (f)	['glas,dɔ:sə]
Dose (f)	dåse (f)	['dɔ:sə]
Flaschenöffner (m)	oplukker (f)	['ʌp,lɔkʌ]
Dosenöffner (m)	dåseåbner (f)	['dɔ:sə,ɔ:bnʌ]
Korkenzieher (m)	proptrækker (f)	['pʁʌp,tʁakʌ]
Filter (n)	filter (i)	['fil'tʌ]
filtern (vt)	at filtrere	[ʌ fil'tʁɛ'ʌ]
Müll (m)	affald, skrald (i)	['aw,fal'], ['skʁal']
Mülleimer, Treteimer (m)	skraldespand (f)	['skʁalə,span']

72. Bad

Badezimmer (n)	badeværelse (i)	['bæ:ðə,væɡʌlsə]
Wasser (n)	vand (i)	['van']
Wasserhahn (m)	hane (f)	['hæ:nə]
Warmwasser (n)	varmt vand (i)	['vɑ'mt van']
Kaltwasser (n)	koldt vand (i)	['kʌlt van']
Zahnpasta (f)	tandpasta (f)	['tan,pasta]
Zähne putzen	at børste tænder	[ʌ 'bœɡstə 'tɛnʌ]
Zahnbürste (f)	tandbørste (f)	['tan,bœɡstə]
sich rasieren	at barbere sig	[ʌ ba'be'ʌ saj]

| Rasierschaum (m) | barberskum (i) | [bɑˈbeˀɡ̩ˌskɔmˀ] |
| Rasierer (m) | skraber (f) | [ˈskʁɑːbʌ] |

waschen (vt)	at vaske	[ʌ ˈvaskə]
sich waschen	at vaske sig	[ʌ ˈvaskə saj]
Dusche (f)	brusebad (i)	[ˈbʁuːsəˌbað]
sich duschen	at tage brusebad	[ʌ ˈtæˀ ˈbʁuːsəˌbað]

Badewanne (f)	badekar (i)	[ˈbæːðəˌkɑ]
Klosettbecken (n)	toiletkumme (f)	[toaˈlɛt ˈkɔmə]
Waschbecken (n)	håndvask (f)	[ˈhʌnˀˌvask]

| Seife (f) | sæbe (f) | [ˈsɛːbə] |
| Seifenschale (f) | sæbeskål (f) | [ˈsɛːbəˌskɔˀl] |

Schwamm (m)	svamp (f)	[ˈsvɑmˀp]
Shampoo (n)	shampoo (f)	[ˈɕæːmˌpuː]
Handtuch (n)	håndklæde (i)	[ˈhʌnˌklɛːðə]
Bademantel (m)	badekåbe (f)	[ˈbæːðəˌkɔːbə]

Wäsche (f)	vask (f)	[ˈvask]
Waschmaschine (f)	vaskemaskine (f)	[ˈvaskə maˈskiːnə]
waschen (vt)	at vaske tøj	[ʌ ˈvaskə ˈtʌj]
Waschpulver (n)	vaskepulver (i)	[ˈvaskəˌpɔlˀvʌ]

73. Haushaltsgeräte

Fernseher (m)	tv, fjernsyn (i)	[ˈteˀˌveˀ], [ˈfjæɡ̩nˌsyˀn]
Tonbandgerät (n)	båndoptager (f)	[ˈbɔnˌʌbtæˀʌ]
Videorekorder (m)	video (f)	[ˈviˀdjo]
Empfänger (m)	radio (i)	[ˈʁɑˀdjo]
Player (m)	afspiller (f)	[ˈawˌspelˀʌ]

Videoprojektor (m)	projektor (f)	[pʁoˈɕɛktʌ]
Heimkino (n)	hjemmebio (f)	[ˈjɛməˌbiːo]
DVD-Player (m)	dvd-afspiller (f)	[deveˈdeˀ awˈspelˀʌ]
Verstärker (m)	forstærker (f)	[fʌˈstæɡ̩kʌ]
Spielkonsole (f)	spillekonsol (f)	[ˈspelə kɔnˈsʌlˀ]

Videokamera (f)	videokamera (i)	[ˈviˀdjo ˌkæˀməʁɑ]
Kamera (f)	kamera (i)	[ˈkæˀməʁɑ]
Digitalkamera (f)	digitalkamera (i)	[digiˈtæˀl ˌkæˀməʁɑ]

Staubsauger (m)	støvsuger (f)	[ˈstøwˌsuˀʌ]
Bügeleisen (n)	strygejern (i)	[ˈstʁyəˌjæɡ̩ˀn]
Bügelbrett (n)	strygebræt (i)	[ˈstʁyəˌbʁat]

Telefon (n)	telefon (f)	[teləˈfoˀn]
Mobiltelefon (n)	mobiltelefon (f)	[moˈbil teləˈfoˀn]
Schreibmaschine (f)	skrivemaskine (f)	[ˈskʁiːvə maˈskiːnə]

Nähmaschine (f)	**symaskine** (f)	['syma̞ski:nə]
Mikrophon (n)	**mikrofon** (f)	[mikʁo'fo'n]
Kopfhörer (m)	**hovedtelefoner** (f pl)	['ho:əð telə'fo'nʌ]
Fernbedienung (f)	**fjernbetjening** (f)	['fjæ̞n be'tjɛ'neŋ]
CD (f)	**cd** (f)	[se'de']
Kassette (f)	**kassette** (f)	[ka'sɛtə]
Schallplatte (f)	**plade** (f)	['plæ:ðə]

DIE ERDE. WETTER

T&P Books Publishing

74. Weltall

Kosmos (m)	rummet, kosmos (i)	['ʁɔmet], ['kʌsmʌs]
kosmisch, Raum-	rum-	['ʁɔm-]
Weltraum (m)	ydre rum (i)	['yðʁʌ ʁɔmʔ]

All (n)	verden (f)	['væɐ̯dən]
Universum (n)	univers (i)	[uni'væɐ̯s]
Galaxie (f)	galakse (f)	[ga'lɑksə]

Stern (m)	stjerne (f)	['stjæɐ̯nə]
Gestirn (n)	stjernebillede (i)	['stjæɐ̯nə‚beləðə]
Planet (m)	planet (f)	[pla'neʔt]
Satellit (m)	satellit (f)	[satə'lit]

Meteorit (m)	meteorit (f)	[meteo'ʁit]
Komet (m)	komet (f)	[ko'meʔt]
Asteroid (m)	asteroide (f)	[astəʁo'iːðə]

Umlaufbahn (f)	bane (f)	['bæːnə]
sich drehen	at rotere	[ʌ ʁo'teʔʌ]
Atmosphäre (f)	atmosfære (f)	[atmo'sfɛːʌ]

Sonne (f)	Solen	['soːlən]
Sonnensystem (n)	solsystem (i)	['soːl sy'steʔm]
Sonnenfinsternis (f)	solformørkelse (f)	['soːl fʌ'mœɐ̯kəlsə]

| Erde (f) | Jorden | ['joʔɐ̯ən] |
| Mond (m) | Månen | ['mɔːnən] |

Mars (m)	Mars	['mɑʔs]
Venus (f)	Venus	['veːnus]
Jupiter (m)	Jupiter	['jupitʌ]
Saturn (m)	Saturn	['sæ‚tuɐ̯n]

Merkur (m)	Merkur	[mæɐ̯'kuɐ̯ʔ]
Uran (m)	Uranus	[u'ʁɑnus]
Neptun (m)	Neptun	[nɛp'tuʔn]
Pluto (m)	Pluto	['pluto]

Milchstraße (f)	Mælkevejen	['mɛlkə‚vɑjən]
Der Große Bär	Store Bjørn	['stoɐ̯ ‚bjœɐ̯'n]
Polarstern (m)	Polarstjernen	[po'lɑ‚stjæɐ̯nən]

| Marsbewohner (m) | marsboer (f) | ['mɑʔs‚boʔʌ] |
| Außerirdischer (m) | ikkejordisk væsen (i) | [‚ekə'joɐ̯disk ‚vɛʔsən] |

| außerirdisches Wesen (n) | rumvæsen (i) | [ˈʁɔmˌvɛˀsən] |
| fliegende Untertasse (f) | flyvende tallerken (f) | [ˈflyːvənə taˈlæɡkən] |

Raumschiff (n)	rumskib (i)	[ˈʁɔmˌskiˀb]
Raumstation (f)	rumstation (f)	[ˈʁɔm staˈɕoˀn]
Raketenstart (m)	start (f)	[ˈstɑˀt]

Triebwerk (n)	motor (f)	[ˈmoːtʌ]
Düse (f)	dyse (f)	[ˈdysə]
Treibstoff (m)	brændsel (i)	[ˈbʁanˀsəl]

Kabine (f)	cockpit (i)	[ˈkʌkˌpit]
Antenne (f)	antenne (f)	[anˈtɛnə]
Bullauge (n)	koøje (i)	[ˈkoˌʌjə]
Sonnenbatterie (f)	solbatteri (i)	[ˈsoːlbatʌˈʁiˀ]
Raumanzug (m)	rumdragt (f)	[ˈʁɔmˌdʁɑgt]

| Schwerelosigkeit (f) | vægtløshed (f) | [ˈvɛgtløːsˌheðˀ] |
| Sauerstoff (m) | ilt (f), oxygen (i) | [ˈilˀt], [ʌgsyˈgeˀn] |

| Ankopplung (f) | dokning (f) | [ˈdʌknen] |
| koppeln (vi) | at dokke | [ʌ ˈdʌkə] |

Observatorium (n)	observatorium (i)	[ʌbsæɡvaˈtoɡˀjɔm]
Teleskop (n)	teleskop (i)	[teləˈskoˀp]
beobachten (vt)	at observere	[ʌ ʌbsæɡˈveˀʌ]
erforschen (vt)	at udforske	[ʌ ˈuðˌfɔːskə]

75. Die Erde

Erde (f)	Jorden	[ˈjoˀɡən]
Erdkugel (f)	jordklode (f)	[ˈjoɡˌkloːðə]
Planet (m)	planet (f)	[plaˈneˀt]

Atmosphäre (f)	atmosfære (f)	[atmoˈsfɛːʌ]
Geographie (f)	geografi (f)	[geoɡʁɑˈfiˀ]
Natur (f)	natur (f)	[naˈtuɡˀ]

Globus (m)	globus (f)	[ˈgloːbus]
Landkarte (f)	kort (i)	[ˈkɔːt]
Atlas (m)	atlas (i)	[ˈatlas]

Europa (n)	Europa	[œwˈʁoːpa]
Asien (n)	Asien	[ˈæˀɕən]
Afrika (n)	Afrika	[ˈɑfʁika]
Australien (n)	Australien	[ɑwˈstʁɑˀljən]

Amerika (n)	Amerika	[ɑˈmeʁika]
Nordamerika (n)	Nordamerika	[ˈnoɡ ɑˈmeʁika]
Südamerika (n)	Sydamerika	[ˈsyð ɑˈmeʁika]

| Antarktis (f) | **Antarktis** | [an'tɑˀktis] |
| Arktis (f) | **Arktis** | ['ɑˀktis] |

76. Himmelsrichtungen

Norden (m)	**nord** (i)	['noˀɐ̯]
nach Norden	**mod nord**	[moð 'noˀɐ̯]
im Norden	**i nord**	[i 'noˀɐ̯]
nördlich	**nordlig**	['noɐ̯li]

Süden (m)	**syd** (f)	['syð]
nach Süden	**mod syd**	[moð 'syð]
im Süden	**i syd**	[i 'syð]
südlich	**sydlig**	['syðli]

Westen (m)	**vest** (f)	['vɛst]
nach Westen	**mod vest**	[moð 'vɛst]
im Westen	**i vest**	[i 'vɛst]
westlich, West-	**vestlig**	['vɛstli]

Osten (m)	**øst** (f)	['øst]
nach Osten	**mod øst**	[moð 'øst]
im Osten	**i øst**	[i 'øst]
östlich	**østlig**	['østli]

77. Meer. Ozean

Meer (n), See (f)	**hav** (i)	['hɑw]
Ozean (m)	**ocean** (i)	[ose'æˀn]
Golf (m)	**bugt** (f)	['bɔgt]
Meerenge (f)	**stræde** (i), **sund** (i)	['stʁɛːðə], ['sɔnˀ]

Festland (n)	**land** (i)	['lanˀ]
Kontinent (m)	**fastland, kontinent** (i)	['fastˌlanˀ], [kʌnti'nɛnˀt]
Insel (f)	**ø** (f)	['øˀ]
Halbinsel (f)	**halvø** (f)	['halˌøˀ]
Archipel (m)	**øhav, arkipelag** (i)	['øˌhɑw], [ɑkipe'læˀj]

Bucht (f)	**bugt** (f)	['bɔgt]
Hafen (m)	**havn** (f)	['hɑwˀn]
Lagune (f)	**lagune** (f)	[la'guːnə]
Kap (n)	**kap** (i)	['kɑp]

Atoll (n)	**atol** (f)	[a'tʌlˀ]
Riff (n)	**rev** (i)	['ʁɛw]
Koralle (f)	**koral** (f)	[ko'ʁɑlˀ]
Korallenriff (n)	**koralrev** (i)	[ko'ʁɑlˌʁɛw]
tief (Adj)	**dyb**	['dyˀb]

Tiefe (f)	**dybde** (f)	['dybdə]
Abgrund (m)	**afgrund** (f), **dyb** (i)	['aw͜gʁɔnˀ], ['dyˀb]
Graben (m)	**oceangrav** (f)	[osə͜æn 'gʁɑˀw]
Strom (m)	**strøm** (f)	['stʁœmˀ]
umspülen (vt)	**at omgive**	[ʌ 'ʌm͜giˀ]
Ufer (n)	**kyst** (f)	['køst]
Küste (f)	**kyst** (f)	['køst]
Flut (f)	**flod** (f)	['floˀð]
Ebbe (f)	**ebbe** (i)	['ɛbə]
Sandbank (f)	**sandbanke** (f)	['san͜baŋkə]
Boden (m)	**bund** (f)	['bɔnˀ]
Welle (f)	**bølge** (f)	['bøljə]
Wellenkamm (m)	**bølgekam** (f)	['bøljə͜kamˀ]
Schaum (m)	**skum** (i)	['skɔmˀ]
Sturm (m)	**storm** (f)	['stɒˀm]
Orkan (m)	**orkan** (f)	[ɒ'kæˀn]
Tsunami (m)	**tsunami** (f)	[tsu'nɑːmi]
Windstille (f)	**stille** (i)	['stelə]
ruhig	**stille**	['stelə]
Pol (m)	**pol** (f)	['poˀl]
Polar-	**polar-**	[po'lɑ-]
Breite (f)	**bredde** (f)	['bʁɛˀdə]
Länge (f)	**længde** (f)	['lɛnˀdə]
Breitenkreis (m)	**breddegrad** (f)	['bʁɛˀdə͜gʁɑˀð]
Äquator (m)	**ækvator** (f)	[ɛ'kvæːtʌ]
Himmel (m)	**himmel** (f)	['heməl]
Horizont (m)	**horisont** (f)	[hɒi'sʌnˀt]
Luft (f)	**luft** (f)	['lɔft]
Leuchtturm (m)	**fyr** (i)	['fyɐ̯ˀ]
tauchen (vi)	**at dykke**	[ʌ 'døkə]
versinken (vi)	**at synke**	[ʌ 'søŋkə]
Schätze (pl)	**skatte** (f pl)	['skatə]

78. Namen der Meere und Ozeane

Atlantischer Ozean (m)	**Atlanterhavet**	[at'lanˀtʌ͜hæˀvəð]
Indischer Ozean (m)	**Det Indiske Ocean**	[de 'enˀdiskə osə'æˀn]
Pazifischer Ozean (m)	**Stillehavet**	['stelə͜hæˀvəð]
Arktischer Ozean (m)	**Polarhavet**	[po'lɑ͜hæˀvəð]
Schwarzes Meer (n)	**Sortehavet**	['soʁ̯tə͜hæˀvəð]
Rotes Meer (n)	**Rødehavet**	['ʁœːðə͜hæˀvəð]

| Gelbes Meer (n) | **Det Gule hav** | [de 'gulə 'hɑw] |
| Weißes Meer (n) | **Hvidehavet** | ['vi:ðəˌhæˀvəð] |

Kaspisches Meer (n)	**Det Kaspiske Hav**	[de 'kaspi:skə 'hɑw]
Totes Meer (n)	**Dødehavet**	['dø:ðəˌhæˀvəð]
Mittelmeer (n)	**Middelhavet**	['miðəlˌhæˀvəð]

| Ägäisches Meer (n) | **Ægæerhavet** | [ɛ'gɛˀɛʌ 'hæˀvəð] |
| Adriatisches Meer (n) | **Adriaterhavet** | [æˀdʁi'æˀtʌ 'hæˀvəð] |

Arabisches Meer (n)	**Arabiahavet**	[ɑ'ʁɑˀbia 'hæˀvəð]
Japanisches Meer (n)	**Det Japanske Hav**	[de ja'pæˀnskə 'hɑw]
Beringmeer (n)	**Beringshavet**	['be:ʁɛŋsˌhæˀvəð]
Südchinesisches Meer (n)	**Det Sydkinesiske Hav**	[de 'syðkiˌne:siskə 'hɑw]

Korallenmeer (n)	**Koralhavet**	[ko'ʁɑlˌhæˀvəð]
Tasmansee (f)	**Det Tasmanske hav**	[de tas'manskə 'hɑw]
Karibisches Meer (n)	**Det Caribiske Hav**	[de kɑ'ʁibiskə ˌhɑw]

| Barentssee (f) | **Barentshavet** | ['bɑːæntsˌhæˀvəð] |
| Karasee (f) | **Karahavet** | ['kɑɑˌhæˀvəð] |

Nordsee (f)	**Nordsøen**	['noʁˌsøˀən]
Ostsee (f)	**Østersøen**	['østʌˌsøˀən]
Nordmeer (n)	**Norskehavet**	['nɔ:skəˌhæˀvəð]

79. Berge

Berg (m)	**bjerg** (i)	['bjæɐ̯ˀw]
Gebirgskette (f)	**bjergkæde** (f)	['bjæɐ̯wˌkɛ:ðə]
Bergrücken (m)	**bjergryg** (f)	['bjæɐ̯wˌʁœg]

Gipfel (m)	**top** (f), **bjergtop** (f)	['tʌp], ['bjæɐ̯wˌtʌp]
Spitze (f)	**tinde** (f)	['tenə]
Bergfuß (m)	**fod** (f)	['fo'ð]
Abhang (m)	**skråning** (f)	['skʁɔˀneŋ]

Vulkan (m)	**vulkan** (f)	[vul'kæˀn]
tätiger Vulkan (m)	**aktiv vulkan** (f)	['ɑkˌtiwˀ vul'kæˀn]
schlafender Vulkan (m)	**udslukt vulkan** (f)	['uðˌslɔkt vul'kæˀn]

Ausbruch (m)	**udbrud** (i)	['uðˌbʁuð]
Krater (m)	**krater** (i)	['kʁɑˀtʌ]
Magma (n)	**magma** (i, f)	['mɑwma]
Lava (f)	**lava** (f)	['læ:va]
glühend heiß (-e Lava)	**glødende**	['glø:ðənə]

Cañon (m)	**canyon** (f)	['kanjʌn]
Schlucht (f)	**kløft** (f)	['kløft]
Spalte (f)	**revne** (f)	['ʁawnə]

Abgrund (m) (steiler ~)	**afgrund** (f)	['ɑwˌɡʁɔnˀ]
Gebirgspass (m)	**pas** (i)	['pas]
Plateau (n)	**plateau** (i)	[pla'to]
Fels (m)	**klippe** (f)	['klepə]
Hügel (m)	**bakke** (f)	['bɑkə]
Gletscher (m)	**gletsjer** (f)	['glɛtɕʌ]
Wasserfall (m)	**vandfald** (i)	['vanˌfalˀ]
Geiser (m)	**gejser** (f)	['gɑjˀsʌ]
See (m)	**sø** (f)	['søˀ]
Ebene (f)	**slette** (f)	['slɛtə]
Landschaft (f)	**landskab** (i)	['lanˌskæˀb]
Echo (n)	**ekko** (i)	['ɛko]
Bergsteiger (m)	**alpinist** (f)	[alpi'nist]
Kletterer (m)	**bjergbestiger** (f)	['bjæɡwbe'stiˀə]
bezwingen (vt)	**at erobre**	[ʌ e'ʁoˀbʁʌ]
Aufstieg (m)	**bestigning** (f)	[be'stiˀnen]

80. Namen der Berge

Alpen (pl)	**Alperne**	['alpɒnə]
Montblanc (m)	**Mont Blanc**	[ˌmɒn'blʌn]
Pyrenäen (pl)	**Pyrenæerne**	[pyɡ'nɛːɡnə]
Karpaten (pl)	**Karpaterne**	[kɑː'pætɒnə]
Uralgebirge (n)	**Uralbjergene**	[u:'ʁæˀl 'bjæɡˀwønə]
Kaukasus (m)	**Kaukasus**	['kaukasus]
Elbrus (m)	**Elbrus**	[ɛl'bʁuːs]
Altai (m)	**Altaj**	[al'tɑj]
Tian Shan (m)	**Tien-Shan**	[ti'enˌɕæn]
Pamir (m)	**Pamir**	[pæ'miɡˀ]
Himalaja (m)	**Himalaya**	[hima'lɑjа]
Everest (m)	**Everest**	['ɛ:vʁɛst]
Anden (pl)	**Andesbjergene**	['anəs 'bjæɡˀwønə]
Kilimandscharo (m)	**Kilimanjaro**	[kiliman'dʒaʁo:]

81. Flüsse

Fluss (m)	**flod** (f)	['floˀð]
Quelle (f)	**kilde** (f)	['kilə]
Flussbett (n)	**flodseng** (f)	['floðˌsɛŋˀ]
Stromgebiet (n)	**flodbassin** (i)	['floð ba'sɛŋ]
einmünden in …	**at munde ud …**	[ʌ 'mɔnə uðˀ …]
Nebenfluss (m)	**biflod** (f)	['biˌfloˀð]

Ufer (n)	**bred** (f)	['bʁɛð']
Strom (f)	**strøm** (f)	['stʁœmʔ]
stromabwärts	**nedstrøms**	['neð,stʁœmʔs]
stromaufwärts	**opstrøms**	['ʌp,stʁœmʔs]
Überschwemmung (f)	**oversvømmelse** (f)	['ɒwʌ,svœmʔəlsə]
Hochwasser (n)	**flom** (f)	['flʌmʔ]
aus den Ufern treten	**at flyde over**	[ʌ 'fly:ðə 'ɒwʔʌ]
überfluten (vt)	**at oversvømme**	[ʌ 'ɒwʌ,svœmʔə]
Sandbank (f)	**grund** (f)	['gʁɔnʔ]
Stromschnelle (f)	**strømfald** (i)	['stʁœm,falʔ]
Damm (m)	**dæmning** (f)	['dɛmneŋ]
Kanal (m)	**kanal** (f)	[ka'næʔl]
Stausee (m)	**reservoir** (i)	[ʁɛsæɐ̯vo'ɑ:]
Schleuse (f)	**sluse** (f)	['slu:sə]
Gewässer (n)	**vandområde** (i)	['van 'ʌm,ʁɔ:ðə]
Sumpf (m), Moor (n)	**sump, mose** (f)	['sɔmʔp], ['mo:sə]
Marsch (f)	**hængesæk** (f)	['hɛŋə,sɛk]
Strudel (m)	**strømhvirvel** (f)	['stʁœm,viɐ̯ʔwəl]
Bach (m)	**bæk** (f)	['bɛk]
Trink- (z.B. Trinkwasser)	**drikke-**	['dʁɛkə-]
Süß- (Wasser)	**ferske**	['fæɐ̯skə]
Eis (n)	**is** (f)	['iʔs]
zufrieren (vi)	**at fryse til**	[ʌ 'fʁy:sə tel]

82. Namen der Flüsse

Seine (f)	**Seinen**	['sɛ:nən]
Loire (f)	**Loire**	[lu'ɒ:ʁ]
Themse (f)	**Themsen**	['tɛmsən]
Rhein (m)	**Rhinen**	['ʁi:nən]
Donau (f)	**Donau**	[dɔ'nɑu]
Wolga (f)	**Volga**	['vɔlga]
Don (m)	**Don**	['dɔn]
Lena (f)	**Lena**	['le:na]
Gelber Fluss (m)	**Huang He**	[hu,ɑŋ'he:]
Jangtse (m)	**Yangtze**	['jɑŋtsə]
Mekong (m)	**Mekong**	[me'kɒŋ]
Ganges (m)	**Ganges**	['gɑ:ŋəs]
Nil (m)	**Nilen**	['ni:lən]
Kongo (m)	**Congo**	['kʌngo]

Okavango (m)	**Okavango**	[ɔka'vɑngo]
Sambesi (m)	**Zambezi**	[sɑm'bɛsi]
Limpopo (m)	**Limpopo**	[li:mpopo]
Mississippi (m)	**Mississippi**	['misisi:pi]

83. Wald

Wald (m)	**skov** (f)	['skɒwʔ]
Wald-	**skov-**	['skɒw-]
Dickicht (n)	**tæt skov** (f)	['tɛt ˌskɒwʔ]
Gehölz (n)	**lund** (f)	['lɔnʔ]
Lichtung (f)	**lysning** (f)	['lysneŋ]
Dickicht (n)	**tæt krat** (i)	['tɛt 'kʁɑt]
Gebüsch (n)	**buskads** (i)	[bu'skæʔs]
Fußweg (m)	**sti** (f)	['stiʔ]
Erosionsrinne (f)	**ravine** (f)	[ʁɑ'vi:nə]
Baum (m)	**træ** (i)	['tʁɛʔ]
Blatt (n)	**blad** (i)	['blað]
Laub (n)	**løv** (i)	['løʔw]
Laubfall (m)	**løvfald** (i)	['løwˌfalʔ]
fallen (Blätter)	**at falde**	[ʌ 'falə]
Wipfel (m)	**trætop** (f)	['tʁɛˌtʌp]
Zweig (m)	**kvist** (f)	['kvest]
Ast (m)	**gren** (f)	['gʁɛʔn]
Knospe (f)	**knop** (f)	['knɔp]
Nadel (f)	**nål** (f)	['nɔʔl]
Zapfen (m)	**kogle** (f)	['kɒwlə]
Höhlung (f)	**træhul** (i)	['tʁɛˌhɔl]
Nest (n)	**rede** (f)	['ʁɛ:ðə]
Höhle (f)	**hule** (f)	['hu:lə]
Stamm (m)	**stamme** (f)	['stɑmə]
Wurzel (f)	**rod** (f)	['ʁoʔð]
Rinde (f)	**bark** (f)	['bɑːk]
Moos (n)	**mos** (i)	['mɔs]
entwurzeln (vt)	**at rykke op med rode**	[ʌ 'ʁœkə ʌp mɛ 'ʁo:ðə]
fällen (vt)	**at fælde**	[ʌ 'fɛlə]
abholzen (vt)	**at hugge ned**	[ʌ 'hɔgə 'neðʔ]
Baumstumpf (m)	**træstub** (f)	['tʁɛˌstub]
Lagerfeuer (n)	**bål** (i)	['bɔʔl]
Waldbrand (m)	**skovbrand** (f)	['skɒwˌbʁɑnʔ]

löschen (vt)	at slukke	[ʌ 'slɔkə]
Förster (m)	skovløber (f)	['skɒwˌløːbʌ]
Schutz (m)	værn (i), beskyttelse (f)	['væɐ̯'n], [be'skøtəlsə]
beschützen (vt)	at beskytte	[ʌ be'skøtə]
Wilddieb (m)	krybskytte (f)	['kʁybˌskøtə]
Falle (f)	saks (f), fælde (f)	['saks], ['fɛlə]
sammeln, pflücken (vt)	at plukke	[ʌ 'plɔkə]
sich verirren	at fare vild	[ʌ 'faːɑ 'vil']

84. natürliche Lebensgrundlagen

Naturressourcen (pl)	naturressourcer (f pl)	[na'tuɐ̯ ʁɛ'suɐ̯sʌ]
Bodenschätze (pl)	mineraler (i pl)	[minə'ʁɑ'lʌ]
Vorkommen (n)	forekomster (f pl)	['fɒːɒˌkʌm'stʌ]
Feld (Ölfeld usw.)	felt (i)	['fɛl't]
gewinnen (vt)	at udvinde	[ʌ 'uðˌven'ə]
Gewinnung (f)	udvinding (f)	['uðˌvenen]
Erz (n)	malm (f)	['mal'm]
Bergwerk (n)	mine (f)	['miːnə]
Schacht (m)	mineskakt (f)	['minəˌskɑkt]
Bergarbeiter (m)	minearbejder (f)	['miːnə'ɑːˌbɑj'dʌ]
Erdgas (n)	gas (f)	['gas]
Gasleitung (f)	gasledning (f)	['gasˌleðneŋ]
Erdöl (n)	olie (f)	['oljə]
Erdölleitung (f)	olieledning (f)	['oljəˌleðneŋ]
Ölquelle (f)	oliebrønd (f)	['oljəˌbʁœn']
Bohrturm (m)	boretårn (i)	['boːʌˌtoˀn]
Tanker (m)	tankskib (i)	['taŋkˌski'b]
Sand (m)	sand (i)	['san']
Kalkstein (m)	kalksten (f)	['kalkˌsteˀn]
Kies (m)	grus (i)	['gʁuˀs]
Torf (m)	tørv (f)	['tœɐ̯ˀw]
Ton (m)	ler (i)	['leˀɐ̯]
Kohle (f)	kul (i)	['kɔl]
Eisen (n)	jern (i)	['jæɐ̯ˀn]
Gold (n)	guld (i)	['gul]
Silber (n)	sølv (i)	['sɞl]
Nickel (n)	nikkel (i)	['nekəl]
Kupfer (n)	kobber (i)	['kɒwˀʌ]
Zink (n)	zink (i, f)	['seŋ'k]
Mangan (n)	mangan (i)	[mɑn'gæˀn]
Quecksilber (n)	kviksølv (i)	['kvikˌsɞl]
Blei (n)	bly (i)	['blyˀ]

Mineral (n)	mineral (i)	[minə'ʁɑʔl]
Kristall (m)	krystal (i, f)	[kʁy'stalʔ]
Marmor (m)	marmor (i)	['mɑʔmoɐ̯]
Uran (n)	uran (i, f)	[u'ʁɑʔn]

85. Wetter

Wetter (n)	vejr (i)	['vɛʔɐ̯]
Wetterbericht (m)	vejrudsigt (f)	['vɛɐ̯ˌuðsegt]
Temperatur (f)	temperatur (f)	[tɛmpʁɑ'tuɐ̯ʔ]
Thermometer (n)	termometer (i)	[tæɐ̯mo'meʔtʌ]
Barometer (n)	barometer (i)	[bɑo'meʔtʌ]

feucht	fugtig	['fɔgti]
Feuchtigkeit (f)	fugtighed (f)	['fɔgtiˌheðʔ]
Hitze (f)	hede (f)	['he:ðə]
glutheiß	hed	['heðʔ]
ist heiß	det er hedt	[de 'æɐ̯ 'heðʔ]

| ist warm | det er varmt | [de 'æɐ̯ 'vɑʔmt] |
| warm (Adj) | varm | ['vɑʔm] |

ist kalt	det er koldt	[de 'æɐ̯ 'kʌlt]
kalt (Adj)	kold	['kʌlʔ]
Sonne (f)	sol (f)	['soʔl]
scheinen (vi)	at skinne	[ʌ 'skenə]
sonnig (Adj)	solrig	['soːlˌʁiʔ]
aufgehen (vi)	at stå op	[ʌ stɔʔ 'ʌp]
untergehen (vi)	at gå ned	[ʌ gɔʔ 'neðʔ]

Wolke (f)	sky (f)	['skyʔ]
bewölkt, wolkig	skyet	['sky:əð]
Regenwolke (f)	regnsky (f)	['ʁɑjnˌskyʔ]
trüb (-er Tag)	mørk	['mœɐ̯k]

Regen (m)	regn (f)	['ʁɑjʔn]
Es regnet	det regner	[de 'ʁɑjnʌ]
regnerisch (-er Tag)	regnvejrs-	['ʁɑjnˌvɛɐ̯s-]
nieseln (vi)	at småregne	[ʌ 'smɔʁɑjnə]

strömender Regen (m)	øsende regn (f)	['ø:sənə ˌʁɑjʔn]
Regenschauer (m)	styrtregn (f)	['styɐ̯tˌʁɑjʔn]
stark (-er Regen)	kraftig, heftig	['kʁɑfti], ['hɛfti]
Pfütze (f)	vandpyt (f)	['vanˌpyt]
nass werden (vi)	at blive våd	[ʌ 'bli:ə 'vɔʔð]

Nebel (m)	tåge (f)	['tɔ:wə]
neblig (-er Tag)	tåget	['tɔ:wəð]
Schnee (m)	sne (f)	['sneʔ]
Es schneit	det sner	[de 'sneʔʌ]

86. Unwetter Naturkatastrophen

Gewitter (n)	tordenvejr (i)	['toɐ̯dən‚vɛˀɐ̯]
Blitz (m)	lyn (i)	['lyˀn]
blitzen (vi)	at glimte	[ʌ 'glemtə]
Donner (m)	torden (f)	['toɐ̯dən]
donnern (vi)	at tordne	[ʌ 'toɐ̯dnə]
Es donnert	det tordner	[de 'toɐ̯dnʌ]
Hagel (m)	hagl (i)	['hɑwˀl]
Es hagelt	det hagler	[de 'hɑwlɐ̯]
überfluten (vt)	at oversvømme	[ʌ 'ɒwʌ‚svœmˀə]
Überschwemmung (f)	oversvømmelse (f)	['ɒwʌ‚svœmˀəlsə]
Erdbeben (n)	jordskælv (i)	['joɐ̯‚skɛlˀv]
Erschütterung (f)	skælv (i)	['skɛlˀv]
Epizentrum (n)	epicenter (i)	[epi'sɛnˀtʌ]
Ausbruch (m)	udbrud (i)	['uð‚bʁuð]
Lava (f)	lava (f)	['læ:va]
Wirbelsturm (m)	skypumpe (f)	['sky‚pɔmpə]
Tornado (m)	tornado (f)	[tɒ'næ:do]
Taifun (m)	tyfon (f)	[ty'foˀn]
Orkan (m)	orkan (f)	[ɒ'kæˀn]
Sturm (m)	storm (f)	['stɒˀm]
Tsunami (m)	tsunami (f)	[tsu'nɑ:mi]
Zyklon (m)	cyklon (f)	[sy'kloˀn]
Unwetter (n)	uvejr (i)	['u‚vɛˀɐ̯]
Brand (m)	brand (f)	['bʁɑnˀ]
Katastrophe (f)	katastrofe (f)	[kata'stʁo:fə]
Meteorit (m)	meteorit (f)	[meteo'ʁit]
Lawine (f)	lavine (f)	[la'vi:nə]
Schneelawine (f)	sneskred (i)	['sne‚skʁɛð]
Schneegestöber (n)	snefog (i)	['sne‚fɒwˀ]
Schneesturm (m)	snestorm (f)	['sne‚stɒˀm]

T&P BOOKS

FAUNA

T&P Books Publishing

Raubtier (n)	rovdyr (i)	['ʁɒwˌdyɐ̯ˀ]
Tiger (m)	tiger (f)	['tiːʌ]
Löwe (m)	løve (f)	['løːvə]
Wolf (m)	ulv (f)	['ulˀv]
Fuchs (m)	ræv (f)	['ʁɛˀw]

Jaguar (m)	jaguar (f)	[jagu'aˀ]
Leopard (m)	leopard (f)	[leo'paˀd]
Gepard (m)	gepard (f)	[ge'paˀd]

Panther (m)	panter (f)	['panˀtʌ]
Puma (m)	puma (f)	['puːma]
Schneeleopard (m)	sneleopard (f)	['sne leo'paˀd]
Luchs (m)	los (f)	['lʌs]

Kojote (m)	coyote, prærieulv (f)	[ko'joːtə], ['pʁɛɐ̯jəˌulˀv]
Schakal (m)	sjakal (f)	[ɕa'kæˀl]
Hyäne (f)	hyæne (f)	[hy'ɛːnə]

| Tier (n) | dyr (i) | ['dyɐ̯ˀ] |
| Bestie (f) | bæst (i), udyr (i) | ['bɛˀst], ['uˌdyɐ̯ˀ] |

Eichhörnchen (n)	egern (i)	['eˀjʌn]
Igel (m)	pindsvin (i)	['penˌsviˀn]
Hase (m)	hare (f)	['haːɑ]
Kaninchen (n)	kanin (f)	[ka'niˀn]

Dachs (m)	grævling (f)	['gʁawleŋ]
Waschbär (m)	vaskebjørn (f)	['vaskeˌbjœɐ̯ˀn]
Hamster (m)	hamster (f)	['hamˀstʌ]
Murmeltier (n)	murmeldyr (i)	['muɐ̯ˀməlˌdyɐ̯ˀ]

Maulwurf (m)	muldvarp (f)	['mulˌvɑːp]
Maus (f)	mus (f)	['muˀs]
Ratte (f)	rotte (f)	['ʁʌtə]
Fledermaus (f)	flagermus (f)	['flawʌˌmuˀs]

Hermelin (n)	hermelin (f)	[hæɐ̯məˈliˀn]
Zobel (m)	zobel (f)	['soˀbəl]
Marder (m)	mår (f)	['mɒˀ]

| Wiesel (n) | brud (f) | ['bʁuð] |
| Nerz (m) | mink (f) | ['menˀk] |

| Biber (m) | bæver (f) | ['bɛˀvʌ] |
| Fischotter (m) | odder (f) | ['ʌðˀʌ] |

Pferd (n)	hest (f)	['hɛst]
Elch (m)	elg (f)	['ɛlˀj]
Hirsch (m)	hjort (f)	['jɒːt]
Kamel (n)	kamel (f)	[ka'meˀl]

Bison (m)	bison (f)	['bisʌn]
Wisent (m)	urokse (f)	['uʁˌʌksə]
Büffel (m)	bøffel (f)	['bøfəl]

Zebra (n)	zebra (f)	['seːbʁɑ]
Antilope (f)	antilope (f)	[anti'loːpə]
Reh (n)	rådyr (i), rå (f)	['ʁʌˌdyɡ̊ˀ], ['ʁɔˀ]
Damhirsch (m)	dådyr (i)	['dʌˌdyɡ̊ˀ]
Gämse (f)	gemse (f)	['gɛmsə]
Wildschwein (n)	vildsvin (i)	['vilˌsviˀn]

Wal (m)	hval (f)	['væˀl]
Seehund (m)	sæl (f)	['sɛˀl]
Walroß (n)	hvalros (f)	['valˌʁʌs]
Seebär (m)	pelssæl (f)	['pɛlsˌsɛˀl]
Delfin (m)	delfin (f)	[dɛl'fiˀn]

Bär (m)	bjørn (f)	['bjœɡ̊ˀn]
Eisbär (m)	isbjørn (f)	['isˌbjœɡ̊ˀn]
Panda (m)	panda (f)	['panda]

Affe (m)	abe (f)	['æːbə]
Schimpanse (m)	chimpanse (f)	[ɕim'pansə]
Orang-Utan (m)	orangutang (f)	[o'ʁaŋguˌtaŋˀ]
Gorilla (m)	gorilla (f)	[go'ʁila]
Makak (m)	makak (f)	[mæ'kɑk]
Gibbon (m)	gibbon (f)	['gibʌn]

| Elefant (m) | elefant (f) | [elə'fanˀt] |
| Nashorn (n) | næsehorn (i) | ['nɛːsəˌhoɡ̊ˀn] |

| Giraffe (f) | giraf (f) | [gi'ʁɑf] |
| Flusspferd (n) | flodhest (f) | ['floðˌhɛst] |

| Känguru (n) | kænguru (f) | [kɛŋguːʁu] |
| Koala (m) | koala (f) | [ko'æːla] |

Manguste (f)	mangust (f)	[maŋ'gust]
Chinchilla (n)	chinchilla (f)	[tjen'tjila]
Stinktier (n)	skunk (f)	['skɔnˀk]
Stachelschwein (n)	hulepindsvin (i)	['huːlə 'penˌsviˀn]

89. Haustiere

Katze (f)	**kat** (f)	['kat]
Kater (m)	**hankat** (f)	['han,kat]
Hund (m)	**hund** (f)	['huˀn̩ˀ]
Pferd (n)	**hest** (f)	['hɛst]
Hengst (m)	**hingst** (f)	['heŋˀst]
Stute (f)	**hoppe** (f)	['hʌpə]
Kuh (f)	**ko** (f)	['koˀ]
Stier (m)	**tyr** (f)	['tyɐ̯ˀ]
Ochse (m)	**okse** (f)	['ʌksə]
Schaf (n)	**får** (i)	['fɑ:]
Widder (m)	**vædder** (f)	['vɛðˀʌ]
Ziege (f)	**ged** (f)	['geðˀ]
Ziegenbock (m)	**gedebuk** (f)	['ge:ðə,bɔk]
Esel (m)	**æsel** (i)	['ɛˀsəl]
Maultier (n)	**muldyr** (i)	['mul,dyɐ̯ˀ]
Schwein (n)	**svin** (i)	['sviˀn]
Ferkel (n)	**gris** (f)	['gʁiˀs]
Kaninchen (n)	**kanin** (f)	[ka'niˀn]
Huhn (n)	**høne** (f)	['hœ:nə]
Hahn (m)	**hane** (f)	['hæ:nə]
Ente (f)	**and** (f)	['anˀ]
Enterich (m)	**andrik** (f)	['anˀdʁɛk]
Gans (f)	**gås** (f)	['gɔˀs]
Puter (m)	**kalkun hane** (f)	[kal'kuˀn 'hæ:nə]
Pute (f)	**kalkun** (f)	[kal'kuˀn]
Haustiere (pl)	**husdyr** (i pl)	['hus,dyɐ̯ˀ]
zahm	**tam**	['tɑmˀ]
zähmen (vt)	**at tæmme**	[ʌ 'tɛmə]
züchten (vt)	**at avle, at opdrætte**	[ʌ 'ɑwlə], [ʌ 'ʌp,dʁatə]
Farm (f)	**farm** (f)	['fɑˀm]
Geflügel (n)	**fjerkræ** (i)	['fjeɐ̯,kʁɛˀ]
Vieh (n)	**kvæg** (i)	['kvɛˀj]
Herde (f)	**hjord** (f)	['jɒˀd]
Pferdestall (m)	**stald** (f)	['stalˀ]
Schweinestall (m)	**svinesti** (f)	['svinə,sdiˀ]
Kuhstall (m)	**kostald** (f)	['ko,stalˀ]
Kaninchenstall (m)	**kaninbur** (i)	[ka'nin,buɐ̯ˀ]
Hühnerstall (m)	**hønsehus** (i)	['hœnsə,huˀs]

90. Vögel

Vogel (m)	**fugl** (f)	['fuˀl]
Taube (f)	**due** (f)	['du:ə]
Spatz (m)	**spurv** (f)	['spuɐ̯ˀw]
Meise (f)	**musvit** (f)	[mu'svit]
Elster (f)	**skade** (f)	['skæ:ðə]
Rabe (m)	**ravn** (f)	['ʁɑwˀn]
Krähe (f)	**krage** (f)	['kʁɑ:wə]
Dohle (f)	**kaie** (f)	['kɑjə]
Saatkrähe (f)	**råge** (f)	['ʁɔ:wə]
Ente (f)	**and** (f)	['anˀ]
Gans (f)	**gås** (f)	['gɔˀs]
Fasan (m)	**fasan** (f)	[fa'sæˀn]
Adler (m)	**ørn** (f)	['œɐ̯ˀn]
Habicht (m)	**høg** (f)	['høˀj]
Falke (m)	**falk** (f)	['falˀk]
Greif (m)	**grib** (f)	['gʁi:b]
Kondor (m)	**kondor** (f)	[kʌn'doˀɐ̯]
Schwan (m)	**svane** (f)	['svæ:nə]
Kranich (m)	**trane** (f)	['tʁɑ:nə]
Storch (m)	**stork** (f)	['stɒ:k]
Papagei (m)	**papegøje** (f)	[pɑpə'gʌjə]
Kolibri (m)	**kolibri** (f)	[koli'bʁiˀ]
Pfau (m)	**påfugl** (f)	['pʌˌfuˀl]
Strauß (m)	**struds** (f)	['stʁus]
Reiher (m)	**hejre** (f)	['hɑjʁʌ]
Flamingo (m)	**flamingo** (f)	[fla'meŋgo]
Pelikan (m)	**pelikan** (f)	[peli'kæˀn]
Nachtigall (f)	**nattergal** (f)	['natʌˌgæˀl]
Schwalbe (f)	**svale** (f)	['svæ:lə]
Drossel (f)	**drossel, sjagger** (f)	['dʁʌsəl], ['ɕagʌ]
Singdrossel (f)	**sangdrossel** (f)	['saŋˌdʁʌsəl]
Amsel (f)	**solsort** (f)	['so:lˌsoɐ̯t]
Segler (m)	**mursejler** (f)	['muɐ̯ˌsɑjlʌ]
Lerche (f)	**lærke** (f)	['læɐ̯kə]
Wachtel (f)	**vagtel** (f)	['vagtəl]
Specht (m)	**spætte** (f)	['spɛtə]
Kuckuck (m)	**gøg** (f)	['gøˀj]
Eule (f)	**ugle** (f)	['u:lə]
Uhu (m)	**hornugle** (f)	['hoɐ̯nˌu:lə]

Auerhahn (m)	**tjur** (f)	['tjuɐ̯]
Birkhahn (m)	**urfugl** (f)	['uɐ̯ˌfuˀl]
Rebhuhn (n)	**agerhøne** (f)	['æˀjʌˌhœːnə]
Star (m)	**stær** (f)	['stɛˀɐ̯]
Kanarienvogel (m)	**kanariefugl** (f)	[ka'naˀjəˌfuˀl]
Haselhuhn (n)	**hjerpe, jærpe** (f)	['jæɐ̯pə]
Buchfink (m)	**bogfinke** (f)	['bɔwˌfeŋkə]
Gimpel (m)	**dompap** (f)	['dɔmˌpap]
Möwe (f)	**måge** (f)	['mɔːwə]
Albatros (m)	**albatros** (f)	['albaˌtʁʌs]
Pinguin (m)	**pingvin** (f)	[peŋ'viˀn]

91. Fische. Meerestiere

Brachse (f)	**brasen** (f)	['bʁɑˀsən]
Karpfen (m)	**karpe** (f)	['kɑːpə]
Barsch (m)	**aborre** (f)	['ɑˌbɒːɒ]
Wels (m)	**malle** (f)	['malə]
Hecht (m)	**gedde** (f)	['geðə]
Lachs (m)	**laks** (f)	['lɑks]
Stör (m)	**stør** (f)	['støˀɐ̯]
Hering (m)	**sild** (f)	['silˀ]
atlantische Lachs (m)	**atlantisk laks** (f)	[at'lanˀtisk 'lɑks]
Makrele (f)	**makrel** (f)	[mɑ'kʁalˀ]
Scholle (f)	**rødspætte** (f)	['ʁœðˌspɛtə]
Zander (m)	**sandart** (f)	['sanˌɑˀt]
Dorsch (m)	**torsk** (f)	['tɒːsk]
Tunfisch (m)	**tunfisk** (f)	['tuːnˌfesk]
Forelle (f)	**ørred** (f)	['œɐ̯ʌð]
Aal (m)	**ål** (f)	['ɔˀl]
Zitterrochen (m)	**elektrisk rokke** (f)	[e'lɛktʁisk 'ʁʌkə]
Muräne (f)	**muræne** (f)	[mu'ʁɛːnə]
Piranha (m)	**piraya** (f)	[pi'ʁɑja]
Hai (m)	**haj** (f)	['hɑjˀ]
Delfin (m)	**delfin** (f)	[dɛl'fiˀn]
Wal (m)	**hval** (f)	['væˀl]
Krabbe (f)	**krabbe** (f)	['kʁabə]
Meduse (f)	**gople, meduse** (f)	['gʌplə], [me'duːsə]
Krake (m)	**blæksprutte** (f)	['blɛkˌspʁutə]
Seestern (m)	**søstjerne** (f)	['søˌstjæɐ̯nə]
Seeigel (m)	**søpindsvin** (i)	['sø 'penˌsviˀn]

Seepferdchen (n)	**søhest** (f)	['sø̩hɛst]
Auster (f)	**østers** (f)	['østʌs]
Garnele (f)	**reje** (f)	['ʁajə]
Hummer (m)	**hummer** (f)	['hɔmˀʌ]
Languste (f)	**languster** (f)	[laŋ'gustʌ]

92. Amphibien Reptilien

Schlange (f)	**slange** (f)	['slaŋə]
Gift-, giftig	**giftig**	['gifti]
Viper (f)	**hugorm** (f)	['hɔɡˌoɡˀm]
Kobra (f)	**kobra** (f)	['ko:bʁɑ]
Python (m)	**pyton** (f)	['pytʌn]
Boa (f)	**boa** (f)	['bo:a]
Ringelnatter (f)	**snog** (f)	['snoˀ]
Klapperschlange (f)	**klapperslange** (f)	['klapʌˌslaŋə]
Anakonda (f)	**anakonda** (f)	[ana'kʌnda]
Eidechse (f)	**firben** (i)	['fiɡˀbeˀn]
Leguan (m)	**leguan** (f)	[legu'æˀn]
Waran (m)	**varan** (f)	[vɑ'ʁɑˀn]
Salamander (m)	**salamander** (f)	[sala'manˀdʌ]
Chamäleon (n)	**kamæleon** (f)	[kaməle'oˀn]
Skorpion (m)	**skorpion** (f)	[skɒpi'oˀn]
Schildkröte (f)	**skildpadde** (f)	['skelˌpaðə]
Frosch (m)	**frø** (f)	['fʁœˀ]
Kröte (f)	**tudse** (f)	['tusə]
Krokodil (n)	**krokodille** (f)	[kʁokə'dilə]

93. Insekten

Insekt (n)	**insekt** (i)	[en'sɛkt]
Schmetterling (m)	**sommerfugl** (f)	['sʌmʌˌfuˀl]
Ameise (f)	**myre** (f)	['my:ʌ]
Fliege (f)	**flue** (f)	['flu:ə]
Mücke (f)	**stikmyg** (f)	['stekˌmyg]
Käfer (m)	**bille** (f)	['bilə]
Wespe (f)	**hveps** (f)	['vɛps]
Biene (f)	**bi** (f)	['biˀ]
Hummel (f)	**humlebi** (f)	['hɔmləˌbiˀ]
Bremse (f)	**bremse** (f)	['bʁamsə]
Spinne (f)	**edderkop** (f)	['ɛðˀʌˌkʌp]
Spinnennetz (n)	**edderkoppespind** (i)	['ɛðˀʌkʌpəˌsbenˀ]

Libelle (f)	guldsmed (f)	[ˈɡulˌsmeð]
Grashüpfer (m)	græshoppe (f)	[ˈɡʁasˌhʌpə]
Schmetterling (m)	natsværmer (f)	[ˈnatˌsvæɡˀmʌ]
Schabe (f)	kakerlak (f)	[kakʌˈlak]
Zecke (f)	flåt, mide (f)	[ˈfloˀt], [ˈmiːðə]
Floh (m)	loppe (f)	[ˈlʌpə]
Kriebelmücke (f)	kvægmyg (f)	[ˈkvɛjˌmyg]
Heuschrecke (f)	vandregræshoppe (f)	[ˈvandʁʌ ˈɡʁasˌhʌpə]
Schnecke (f)	snegl (f)	[ˈsnajˀl]
Heimchen (n)	fårekylling (f)	[ˈfoːɒˌkyleŋ]
Leuchtkäfer (m)	ildflue (f)	[ˈilfluːə]
Marienkäfer (m)	mariehøne (f)	[maˈʁiˀəˌhœːnə]
Maikäfer (m)	oldenborre (f)	[ˈʌlənˌbɒːɒ]
Blutegel (m)	igle (f)	[ˈiːlə]
Raupe (f)	sommerfuglelarve (f)	[ˈsʌmʌˌfuːlə ˈlaːvə]
Wurm (m)	regnorm (f)	[ˈʁajnˌoɡˀm]
Larve (f)	larve (f)	[ˈlaːvə]

FLORA

T&P Books Publishing

Baum (m)	**træ** (i)	['tʀɛˀ]
Laub-	**løv-**	['løw-]
Nadel-	**nåle-**	['nɔlə-]
immergrün	**stedsegrønt,**	['stɛðsəˌgʀœnˀt],
	eviggrønt	['eːviˌgʀœnˀt]

Apfelbaum (m)	**æbletræ** (i)	['ɛˀbləˌtʀɛˀ]
Birnbaum (m)	**pæretræ** (i)	['pɛʌˌtʀɛˀ]
Süßkirschbaum (m)	**moreltræ** (i)	[moˈʀalˌtʀɛˀ]
Sauerkirschbaum (m)	**kirsebærtræ** (i)	['kiʀsəbæʀˌtʀɛˀ]
Pflaumenbaum (m)	**blommetræ** (i)	['blʌməˌtʀɛˀ]

Birke (f)	**birk** (f)	['biʀk]
Eiche (f)	**eg** (f)	['eˀj]
Linde (f)	**lind** (f)	['lenˀ]
Espe (f)	**asp** (f)	['asp]
Ahorn (m)	**løn** (f), **ahorn** (f)	['lœnˀ], ['aˌhoɐ̯ˀn]

Fichte (f)	**gran** (f)	['gʀan]
Kiefer (f)	**fyr** (f)	['fyɐ̯ˀ]
Lärche (f)	**lærk** (f)	['læɐ̯k]
Tanne (f)	**ædelgran** (f)	['ɛˀðəlˌgʀan]
Zeder (f)	**ceder** (f)	['seːðʌ]

Pappel (f)	**poppel** (f)	['pʌpəl]
Vogelbeerbaum (m)	**røn** (f)	['ʀœnˀ]

Weide (f)	**pil** (f)	['piˀl]
Erle (f)	**el** (f)	['ɛl]

Buche (f)	**bøg** (f)	['bøˀj]
Ulme (f)	**elm** (f)	['ɛlˀm]

Esche (f)	**ask** (f)	['ask]
Kastanie (f)	**kastanie** (i)	[kaˈstanjə]

Magnolie (f)	**magnolie** (f)	[mɑwˈnoˀljə]
Palme (f)	**palme** (f)	['palmə]
Zypresse (f)	**cypres** (f)	[syˈpʀas]

Mangrovenbaum (m)	**mangrove** (f)	[mɑnˈgʀoːvə]
Baobab (m)	**baobabtræ** (i)	[bɑoˈbabˌtʀɛˀ]
Eukalyptus (m)	**eukalyptus** (f)	[œwkaˈlyptus]
Mammutbaum (m)	**sequoia** (f), **rødtræ** (i)	[sekˈwojə], ['ʀœðˌtʀɛˀ]

95. Büsche

Strauch (m)	**busk** (f)	['busk]
Gebüsch (n)	**buskads** (i)	[bu'skæˀs]
Weinstock (m)	**vinranke** (f)	['viːnˌʁɑŋkə]
Weinberg (m)	**vingård** (f)	['viːnˌgɒˀ]
Himbeerstrauch (m)	**hindbærbusk** (f)	['henbæɐ̯ˌbusk]
schwarze Johannisbeere (f)	**solbærbusk** (f)	['soːlbæɐ̯ˌbusk]
rote Johannisbeere (f)	**ribsbusk** (f)	['ʁɛbsˌbusk]
Stachelbeerstrauch (m)	**stikkelsbær** (i)	['stekəlsˌbæɐ̯]
Akazie (f)	**akacie** (f)	[a'kæˀɕə]
Berberitze (f)	**berberis** (f)	['bæɐ̯ˀbʌʁis]
Jasmin (m)	**jasmin** (f)	[ɕas'miˀn]
Wacholder (m)	**ene** (f)	['eːnə]
Rosenstrauch (m)	**rosenbusk** (f)	['ʁoːsənˌbusk]
Heckenrose (f)	**Hunde-Rose** (f)	['hunə-'ʁoːsə]

96. Obst. Beeren

Frucht (f)	**frugt** (f)	['fʁɔgt]
Früchte (pl)	**frugter** (f pl)	['fʁɔgtʌ]
Apfel (m)	**æble** (i)	['ɛˀblə]
Birne (f)	**pære** (f)	['pɛˀʌ]
Pflaume (f)	**blomme** (f)	['blʌmə]
Erdbeere (f)	**jordbær** (i)	['joɐ̯ˌbæɐ̯]
Sauerkirsche (f)	**kirsebær** (i)	['kiɐ̯sərˌbæɐ̯]
Süßkirsche (f)	**morel** (f)	[mo'ʁalˀ]
Weintrauben (pl)	**drue** (f)	['dʁuːə]
Himbeere (f)	**hindbær** (i)	['henˌbæɐ̯]
schwarze Johannisbeere (f)	**solbær** (i)	['soːlˌbæɐ̯]
rote Johannisbeere (f)	**ribs** (i, f)	['ʁɛbs]
Stachelbeere (f)	**stikkelsbær** (i)	['stekəlsˌbæɐ̯]
Moosbeere (f)	**tranebær** (i)	['tʁɑːnəˌbæɐ̯]
Apfelsine (f)	**appelsin** (f)	[apəl'siˀn]
Mandarine (f)	**mandarin** (f)	[mandɑ'ʁiˀn]
Ananas (f)	**ananas** (f)	['ananas]
Banane (f)	**banan** (f)	[ba'næˀn]
Dattel (f)	**daddel** (f)	['daðˀəl]
Zitrone (f)	**citron** (f)	[si'tʁoˀn]
Aprikose (f)	**abrikos** (f)	[abʁi'koˀs]

Pfirsich (m)	**fersken** (f)	['fæɐ̯skən]
Kiwi (f)	**kiwi** (f)	['ki:vi]
Grapefruit (f)	**grapefrugt** (f)	['gʁɛjpˌfʁɔgt]

Beere (f)	**bær** (i)	['bæɐ̯]
Beeren (pl)	**bær** (i pl)	['bæɐ̯]
Preiselbeere (f)	**tyttebær** (i)	['tytəˌbæɐ̯]
Walderdbeere (f)	**skovjordbær** (i)	['skɒw 'joɐ̯ˌbæɐ̯]
Heidelbeere (f)	**blåbær** (i)	['blɔ'ˌbæɐ̯]

97. Blumen. Pflanzen

Blume (f)	**blomst** (f)	['blʌm'st]
Blumenstrauß (m)	**buket** (f)	[bu'kɛt]

Rose (f)	**rose** (f)	['ʁo:sə]
Tulpe (f)	**tulipan** (f)	[tuli'pæ'n]
Nelke (f)	**nellike** (f)	['nel'ekə]
Gladiole (f)	**gladiolus** (f)	[gladi'o:lus]

Kornblume (f)	**kornblomst** (f)	['koɐ̯nˌblʌm'st]
Glockenblume (f)	**blåklokke** (f)	['blʌˌklʌkə]
Löwenzahn (m)	**mælkebøtte, løvetand** (f)	['mɛlkəˌbøtə], ['lø:vəˌtan']
Kamille (f)	**kamille** (f)	[ka'milə]

Aloe (f)	**aloe** (f)	['æ'loˌe']
Kaktus (m)	**kaktus** (f)	['kɑktus]
Gummibaum (m)	**ficus, stuebirk** (f)	['fikus], ['stu:əˌbiɐ̯k]

Lilie (f)	**lilje** (f)	['liljə]
Geranie (f)	**geranie** (f)	[ge'ʁɑ'njə]
Hyazinthe (f)	**hyacint** (f)	[hya'sen'ʈ]

Mimose (f)	**mimose** (f)	[mi'mo:sə]
Narzisse (f)	**narcis** (f)	[nɑ'si:s]
Kapuzinerkresse (f)	**blomsterkarse** (f)	['blʌm'stʌˌkɑ:sə]

Orchidee (f)	**orkide, orkidé** (f)	[ɒki'de']
Pfingstrose (f)	**pæon** (f)	[pɛ'o'n]
Veilchen (n)	**viol** (f)	[vi'o'l]

Stiefmütterchen (n)	**stedmoderblomst** (f)	['stɛmoɐ̯ ˌblʌm'st]
Vergissmeinnicht (n)	**forglemmigej** (f)	[fʌ'glɛm'mɑˌɑj']
Gänseblümchen (n)	**tusindfryd** (f)	['tusənˌfʁyð']

Mohn (m)	**valmue** (f)	['valˌmu:ə]
Hanf (m)	**hamp** (f)	['hɑm'p]
Minze (f)	**mynte** (f)	['møntə]
Maiglöckchen (n)	**liljekonval** (f)	['liljə kɒn'val']
Schneeglöckchen (n)	**vintergæk** (f)	['venʈʌˌgɛk]

Brennnessel (f)	nælde (f)	['nɛlə]
Sauerampfer (m)	syre (f)	['syːʌ]
Seerose (f)	åkande, nøkkerose (f)	['ɔˀkanə], ['nøkəˌʁoːsə]
Farn (m)	bregne (f)	['bʁɑjnə]
Flechte (f)	lav (f)	['lɑw]

Gewächshaus (n)	drivhus (i)	['dʁiwˌhuˀs]
Rasen (m)	græsplæne (f)	['gʁasˌplɛːnə]
Blumenbeet (n)	blomsterbed (i)	['blʌmˀstʌˌbəð]

Pflanze (f)	plante (f)	['plantə]
Gras (n)	græs (i)	['gʁas]
Grashalm (m)	græsstrå (i)	['gʁasˌstʁɔˀ]

Blatt (n)	blad (i)	['blað]
Blütenblatt (n)	kronblad (i)	['krɔnˌblað]
Stiel (m)	stilk (f)	['stelˀk]
Knolle (f)	rodknold (f)	['ʁoðˌknʌlˀ]

| Jungpflanze (f) | spire (f) | ['spiːʌ] |
| Dorn (m) | torn (f) | ['toɐ̯ˀn] |

blühen (vi)	at blomstre	[ʌ 'blʌmstʁʌ]
welken (vi)	at visne	[ʌ 'vesnə]
Geruch (m)	lugt (f)	['lɔgt]
abschneiden (vt)	at skære af	[ʌ 'skɛːʌ 'æˀ]
pflücken (vt)	at plukke	[ʌ 'plɔkə]

98. Getreide, Körner

Getreide (n)	korn (i)	['koɐ̯ˀn]
Getreidepflanzen (pl)	kornsorter (f pl)	['koɐ̯nˌsɒːtʌ]
Ähre (f)	aks (i)	['ɑks]

Weizen (m)	hvede (f)	['veːðə]
Roggen (m)	rug (f)	['ʁuˀ]
Hafer (m)	havre (f)	['hɑwʁʌ]

| Hirse (f) | hirse (f) | ['hiɐ̯sə] |
| Gerste (f) | byg (f) | ['byg] |

Mais (m)	majs (f)	['mɑjˀs]
Reis (m)	ris (f)	['ʁiˀs]
Buchweizen (m)	boghvede (f)	['bɔwˌveːðə]

Erbse (f)	ært (f)	['æɐ̯ˀt]
weiße Bohne (f)	bønne (f)	['bœnə]
Sojabohne (f)	soja (f)	['sʌja]
Linse (f)	linse (f)	['lensə]
Bohnen (pl)	bønner (f pl)	['bœnʌ]

LÄNDER DER WELT

T&P Books Publishing

Afghanistan	**Afghanistan**	[aw'gæˀniˌstan]
Ägypten	**Egypten**	[ɛ'gyptən]
Albanien	**Albanien**	[al'bæˀnjən]
Argentinien	**Argentina**	[agɛn'tiˀna]
Armenien	**Armenien**	[a'meˀnjən]
Aserbaidschan	**Aserbajdsjan**	[asæ̞ɛ̞baj'djæˀn]
Australien	**Australien**	[aw'stʁaˀljən]

Bangladesch	**Bangladesh**	[bangla'dɛɕ]
Belgien	**Belgien**	['bɛlˀgjən]
Bolivien	**Bolivia**	[bo'livia]
Bosnien und Herzegowina	**Bosnien-Herzegovina**	['bosniən hæ̞ɛ̞səgoˀvi:na]
Brasilien	**Brasilien**	[bʁa'siljən]
Bulgarien	**Bulgarien**	[bul'ga:iən]

Chile	**Chile** (i)	['tji:lə]
China	**Kina**	['ki:na]
Dänemark	**Danmark**	['dænmak]
Deutschland	**Tyskland**	['tysklanˀ]
Die Bahamas	**Bahamas**	[ba'haˀmas]
Die Vereinigten Staaten	**De Forenede Stater**	[di fʌ'enəðə 'stæˀtʌ]
Dominikanische Republik	**Dominikanske Republik**	[domini'kæ:nskə ʁɛpu'blik]

Ecuador	**Ecuador**	[ekwa'doˀɐ̞]
England	**England**	['ɛŋˀlan]
Estland	**Estland**	['ɛstlan]
Finnland	**Finland**	['fenlan]
Frankreich	**Frankrig**	['fʁaŋkʁi]
Französisch-Polynesien	**Fransk Polynesien**	['fʁanˀsk poly'neˀɕən]

Georgien	**Georgien**	[ge'ɒˀgjən]
Ghana	**Ghana**	['ganə]
Griechenland	**Grækenland**	['gʁɛ:kənlanˀ]
Großbritannien	**Storbritannien**	['stoɐ̞ bʁiˌtaniən]
Haiti	**Haiti**	[haiti:]

Indien	**Indien**	['endjən]
Indonesien	**Indonesien**	[endo'neːɕən]
Irak	**Irak**	['iʁak]
Iran	**Iran**	['iʁan]
Irland	**Irland**	['iɐ̞lanˀ]
Island	**Island**	['islanˀ]
Israel	**Israel**	[isʁɑ:əl]
Italien	**Italien**	[i'tæljən]

100. Länder. Teil 2

Jamaika	**Jamaica**	[ɕa'mɑjka]
Japan	**Japan**	['ja:pæn]
Jordanien	**Jordan**	['joɐ̯dan]
Kambodscha	**Cambodja**	[kæ:m'boða]
Kanada	**Canada**	['kanæˀda]
Kasachstan	**Kasakhstan**	[ka'sɑkˌstan]
Kenia	**Kenya**	['kɛnja]
Kirgisien	**Kirgisistan**	[kiɐ̯'gisiˌstan]
Kolumbien	**Colombia**	[ko'lɔmbja]
Kroatien	**Kroatien**	[kʁo'æˀtiən]
Kuba	**Cuba**	['ku:ba]
Kuwait	**Kuwait**	[ku'vɑjt]
Laos	**Laos**	['læ:ɒs]
Lettland	**Letland**	['lɛtlanˀ]
Libanon (m)	**Libanon**	['li:banɒn]
Libyen	**Libyen**	['li:bjən]
Liechtenstein	**Liechtenstein**	['li:ktənʃtɑjn]
Litauen	**Litauen**	['li̠ˌtɑwˀən]
Luxemburg	**Luxembourg**	['lygsəmˌbɒ:]
Madagaskar	**Madagaskar**	[mada'gæskɑ]
Makedonien	**Makedonien**	[mɑkæ'do:njən]
Malaysia	**Malaysia**	[ma'lɑjɕiʌ]
Malta	**Malta**	['malta]
Marokko	**Marokko**	[mɑ'roko]
Mexiko	**Mexiko**	['mɛksiko]
Moldawien	**Moldova**	[mʌl'doˀva]
Monaco	**Monaco**	[mo'nɑko]
Mongolei (f)	**Mongoliet**	[mʌŋgo'liəð]
Montenegro	**Montenegro**	['mɒntəˌnɛgʁə]
Myanmar	**Myanmar**	[mjanmɐ̯]
Namibia	**Namibia**	[na'mibia]
Nepal	**Nepal**	['nepalˀ]
Neuseeland	**New Zealand**	[nju:'si:lanˀ]
Niederlande (f)	**Nederlandene**	['ne:ðʌˌlɛnnə]
Nordkorea	**Nordkorea**	['noɐ̯ ko'ʁɛ:a]
Norwegen	**Norge**	['nɒ:w]
Österreich	**Østrig**	['østʁi]

101. Länder. Teil 3

Pakistan	**Pakistan**	['pɑkiˌstan]
Palästina	**Palæstina**	[palə'stinɛnə]
Panama	**Panama**	['panamə]

Paraguay	Paraguay	[pɑ:ɑg'wʌj]
Peru	Peru	[pe'ʁu:]
Polen	Polen	['po:læn]
Portugal	Portugal	['pɒ:tugəl]

Republik Südafrika	Sydafrika	['syð ˌɑfʁika]
Rumänien	Rumænien	[ʁu'mɛʔnjən]
Russland	Rusland	['ʁuslanʔ]

Sansibar	Zanzibar	['sa:nsibɑ:]
Saudi-Arabien	Saudi-Arabien	['sawdi ɑ'ʁɑ:bjən]
Schottland	Skotland	['skɒtlanʔ]
Schweden	Sverige	['svɛʁiʔ]
Schweiz (f)	Schweiz	['svɑjts]
Senegal	Senegal	[se:nəgæ:l]
Serbien	Serbien	['sæɐ̯ʔbiən]
Slowakei (f)	Slovakiet	[slova'ki:əð]
Slowenien	Slovenien	[slo've:njən]
Spanien	Spanien	['spæʔnjən]
Südkorea	Sydkorea	['syð ko'ʁɛ:a]
Suriname	Surinam	['suʁiˌnɑm]
Syrien	Syrien	['syʁiən]

Tadschikistan	Tadsjikistan	[ta'dɕikiˌstan]
Taiwan	Taiwan	['tɑjˌvæʔn]
Tansania	Tanzania	['tansaˌniæ]
Tasmanien	Tasmanien	[tas'mani:ən]
Thailand	Thailand	['tɑjlɛnʔ]
Tschechien	Tjekkiet	['tjɛˌkiəð]
Tunesien	Tunis	['tu:nis]
Türkei (f)	Tyrkiet	[tyɐ̯ki:əð]
Turkmenistan	Turkmenistan	[tuɐ̯k'meʔniˌstan]

Ukraine (f)	Ukraine	[ukʁa'iʔnə]
Ungarn	Ungarn	['ɔŋgɑʔn]
Uruguay	Uruguay	[uʁug'wɑj]
Usbekistan	Usbekistan	[us'bekiˌstan]

Vatikan (m)	Vatikanstaten	['vateˌkæ:n 'stæʔtən]
Venezuela	Venezuela	[venəsu'e:la]
Vereinigten Arabischen Emirate	Forenede Arabiske Emirater	[fʌ'enəðə ɑ'ʁɑ'biskə emi'ʁɑʔtʌ]
Vietnam	Vietnam	['vjɛtnɑm]
Weißrussland	Hviderusland	['vi:ðəˌʁuslanʔ]
Zypern	Cypern	['kypɒn]

GASTRONOMISCHES WÖRTERBUCH

Dieser Teil beinhaltet viele Wörter und Begriffe im Zusammenhang mit Lebensmitteln.
Dieses Wörterbuch wird es einfacher für Sie machen, um das Menü in einem Restaurant zu verstehen und die richtige Speise zu wählen

T&P Books Publishing

Deutsch-Dänisch gastronomisches wörterbuch

Ähre (f)	aks (i)	['ɑks]
Aal (m)	ål (f)	['ɔ'l]
Abendessen (n)	aftensmad (f)	['ɑftəns‚mɑð]
alkoholfrei	alkoholfri	['alkohʌl‚fʁi']
alkoholfreies Getränk (n)	alkoholfri drik (f)	['alkohʌl‚fʁi' 'dʁɛk]
Ananas (f)	ananas (f)	['ananas]
Anis (m)	anis (f)	['anis]
Aperitif (m)	aperitif (f)	[apeҫi'tif]
Apfel (m)	æble (i)	['ɛ'blə]
Apfelsine (f)	appelsin (f)	[ɑpəl'si'n]
Appetit (m)	appetit (f)	[ɑpə'tit]
Aprikose (f)	abrikos (f)	[abʁi'ko's]
Artischocke (f)	artiskok (f)	[‚ɑ:ti'skʌk]
atlantische Lachs (m)	atlantisk laks (f)	[at'lan'tisk 'lɑks]
Aubergine (f)	aubergine (f)	[obæɡ'ҫi:n]
Auster (f)	østers (f)	['østʌs]
Avocado (f)	avokado (f)	[avo'kæ:do]
Banane (f)	banan (f)	[ba'næ'n]
Bar (f)	bar (f)	['bɑ']
Barmixer (m)	bartender (f)	['bɑ:‚tɛndʌ]
Barsch (m)	aborre (f)	['ɑ‚bɒ:ɒ]
Basilikum (n)	basilikum (f)	[ba'sil'ikɔm]
Beefsteak (n)	bøf (f)	['bøf]
Beere (f)	bær (i)	['bæɡ]
Beeren (pl)	bær (i pl)	['bæɡ]
Beigeschmack (m)	bismag (f)	['bismæ'j]
Beilage (f)	tilbehør (i)	['telbe‚hø'ɡ]
belegtes Brot (n)	smørrebrød (i)	['smœɡʌ‚bʁœð']
Bier (n)	øl (i)	['øl]
Birkenpilz (m)	galde rørhat (f)	['galə ‚ʁœ'ɡhat]
Birne (f)	pære (f)	['pɛ'ʌ]
bitter	bitter	['betʌ]
Blumenkohl (m)	blomkål (f)	['blʌm‚ko'l]
Bohnen (pl)	bønner (f pl)	['bœnʌ]
Bonbon (m, n)	konfekt, karamel (f)	[kɔn'fɛkt], [kɑɑ'mɛl']
Brühe (f), Bouillon (f)	bouillon (f)	[bul'jʌŋ]
Brachse (f)	brasen (f)	['bʁɑ'sən]
Brei (m)	grød (f)	['gʁœð']
Brokkoli (m)	broccoli (f)	['bʁʌkoli]
Brombeere (f)	brombær (i)	['bʁɔm‚bæɡ]
Brot (n)	brød (i)	['bʁœð']
Buchweizen (m)	boghvede (f)	['bɔw‚ve:ðə]
Butter (f)	smør (i)	['smœɡ]
Buttercreme (f)	creme (f)	['kʁɛ'm]

Cappuccino (m)	**cappuccino** (f)	[kɑpuˈtjiːno]
Champagner (m)	**champagne** (f)	[ɕɑmˈpanjə]
Cocktail (m)	**cocktail** (f)	[ˈkʌkˌtɛjl]
Dattel (f)	**daddel** (f)	[ˈdaðˀəl]
Diät (f)	**diæt** (f)	[diˈɛˀt]
Dill (m)	**dild** (f)	[ˈdilˀ]
Dorsch (m)	**torsk** (f)	[ˈtɔːsk]
Dosenöffner (m)	**dåseåbner** (f)	[ˈdɔːsəˌɔːbnʌ]
Dunkelbier (n)	**mørkt øl** (i)	[ˈmɶɐ̯kt ˌøl]
Ei (n)	**æg** (i)	[ˈɛˀg]
Eier (pl)	**æg** (i pl)	[ˈɛˀg]
Eigelb (n)	**blomme** (f)	[ˈblʌmə]
Eis (n)	**is** (f)	[ˈiˀs]
Eis (n)	**is** (f)	[ˈiˀs]
Eiweiß (n)	**hvide** (f)	[ˈviːðə]
Ente (f)	**and** (f)	[ˈanˀ]
Erbse (f)	**ærter** (f pl)	[ˈæɐ̯ˀtʌ]
Erdbeere (f)	**jordbær** (i)	[ˈjoɐ̯ˌbæɐ̯]
Erdnuss (f)	**jordnød** (f)	[ˈjoɐ̯ˌnøðˀ]
Erfrischungsgetränk (n)	**læskedrik** (f)	[ˈlɛskəˌdʁɛk]
essbarer Pilz (m)	**spiselig svamp** (f)	[ˈspiːsəli ˈsvamˀp]
Essen (n)	**mad** (f)	[ˈmað]
Essig (m)	**eddike** (f)	[ˈɛðikə]
Esslöffel (m)	**spiseske** (f)	[ˈspiːsəˌskeˀ]
Füllung (f)	**fyld** (i, f)	[ˈfylˀ]
Feige (f)	**figen** (f)	[ˈfiːən]
Fett (n)	**fedt** (i)	[ˈfet]
Fisch (m)	**fisk** (f)	[ˈfesk]
Flaschenöffner (m)	**oplukker** (f)	[ˈʌpˌlɔkʌ]
Fleisch (n)	**kød** (i)	[ˈkøð]
Fliegenpilz (m)	**fluesvamp** (f)	[ˈfluːəˌsvamˀp]
Forelle (f)	**ørred** (f)	[ˈɶɐ̯ʌð]
Früchte (pl)	**frugter** (f pl)	[ˈfʁʊgtʌ]
Frühstück (n)	**morgenmad** (f)	[ˈmɔːɒnˌmað]
frisch gepresster Saft (m)	**friskpresset juice** (f)	[ˈfʁɛskˌpʁasəð ˈdʒuːs]
Frucht (f)	**frugt** (f)	[ˈfʁɔgt]
Gabel (f)	**gaffel** (f)	[ˈgafəl]
Gans (f)	**gås** (f)	[ˈgɔˀs]
Garnele (f)	**reje** (f)	[ˈʁajə]
gebraten	**stegt**	[ˈstɛgt]
gekocht	**kogt**	[ˈkʌgt]
Gemüse (n)	**grøntsager** (pl)	[ˈgʁɶntˌsæˀjʌ]
geräuchert	**røget**	[ˈʁʌjəð]
Gericht (n)	**ret** (f)	[ˈʁat]
Gerste (f)	**byg** (f)	[ˈbyg]
Geschmack (m)	**smag** (f)	[ˈsmæˀj]
Getreide (n)	**korn** (i)	[ˈkoɐ̯n]
Getreidepflanzen (pl)	**kornsorter** (f pl)	[ˈkoɐ̯nˌsɔːtʌ]
getrocknet	**tørret**	[ˈtɶɐ̯ð]
Gewürz (n)	**krydderi** (i)	[kʁyðʌˈʁiˀ]
Gewürz (n)	**krydderi** (i)	[kʁyðʌˈʁiˀ]
Giftpilz (m)	**giftig svamp** (f)	[ˈgifti svamˀp]

Gin (m)	gin (f)	['djen]
Grüner Knollenblätterpilz (m)	grøn fluesvamp (f)	['gʁœn 'fluːəˌsvamˀp]
grüner Tee (m)	grøn te (f)	['gʁœnˀ ˌteˀ]
grünes Gemüse (pl)	grønt (i)	['gʁœnˀt]
Grütze (f)	gryn (i)	['gʁyˀn]
Granatapfel (m)	granatæble (i)	[gʁɑˈnæˀtˌɛːblə]
Grapefruit (f)	grapefrugt (f)	['gʁɛjpˌfʁɔgt]
Gurke (f)	agurk (f)	[aˈguɐ̯k]
Guten Appetit!	Velbekomme!	['vɛlbəˈkʌmˀə]
Hühnerfleisch (n)	høne (f)	['høːnə]
Hackfleisch (n)	kødfars (f)	['køðˌfɑˀs]
Hafer (m)	havre (f)	['hawʁʌ]
Hai (m)	haj (f)	['hɑjˀ]
Hamburger (m)	hamburger (f)	['hæːmˌbœːgʌ]
Hammelfleisch (n)	lammekød (i)	['laməˌkøð]
Haselnuss (f)	hasselnød (f)	['haselˌnøðˀ]
Hecht (m)	gedde (f)	['geðə]
heiß	hed, varm	['heðˀ], ['vɑˀm]
Heidelbeere (f)	blåbær (i)	['blɔˀˌbæɐ̯]
Heilbutt (m)	helleflynder (f)	['hɛləˌflønʌ]
Helles (n)	lyst øl (i)	['lyst ˌøl]
Hering (m)	sild (f)	['silˀ]
Himbeere (f)	hindbær (i)	['henˌbæɐ̯]
Hirse (f)	hirse (f)	['hiɐ̯sə]
Honig (m)	honning (f)	['hʌneŋ]
Ingwer (m)	ingefær (f)	['eŋəˌfæɐ̯]
Joghurt (m, f)	yoghurt (f)	['joˌguɐ̯ˀt]
Käse (m)	ost (f)	['ɔst]
Küche (f)	køkken (i)	['køkən]
Kümmel (m)	kommen (f)	['kʌmən]
Kürbis (m)	græskar (i)	['gʁɑskɑ]
Kaffee (m)	kaffe (f)	['kɑfə]
Kalbfleisch (n)	kalvekød (i)	['kalvəˌkøð]
Kalmar (m)	blæksprutte (f)	['blɛkˌspʁutə]
Kalorie (f)	kalorie (f)	[kaˈloɐ̯ˀjə]
kalt	kold	['kʌlˀ]
Kaninchenfleisch (n)	kanin (f)	[kaˈniˀn]
Karotte (f)	gulerod (f)	['guləˌʁoˀð]
Karpfen (m)	karpe (f)	['kɑːpə]
Kartoffel (f)	kartoffel (f)	[kɑˈtʌfəl]
Kartoffelpüree (n)	kartoffelmos (f)	[kɑˈtʌfəlˌmɔs]
Kaugummi (m, n)	tyggegummi (i)	['tygeˌgomi]
Kaviar (m)	kaviar (f)	['kaviˌɑˀ]
Keks (m, n)	småkager (f pl)	['smʌˌkæːjʌ]
Kellner (m)	tjener (f)	['tjɛːnʌ]
Kellnerin (f)	servitrice (f)	[sæɐ̯viˈtʁiːsə]
Kiwi, Kiwifrucht (f)	kiwi (f)	['kiːvi]
Knoblauch (m)	hvidløg (i)	['við̞ˌlʌjˀ]
Kognak (m)	cognac, konjak (f)	['kʌnˀjug]
Kohl (m)	kål (f)	['kɔˀl]
Kohlenhydrat (n)	kulhydrater (i pl)	['kʌlhyˌdʁɑˀdʌ]

Kokosnuss (f)	kokosnød (f)	['ko:kos,nøð']
Kondensmilch (f)	kondenseret mælk (f)	[kʌndən'se'ʌð mɛl'k]
Konditorwaren (pl)	konditorvarer (f pl)	[kʌn'ditʌ,vɑ:ɑ]
Konfitüre (f)	syltetøj (i)	['syltə,tʌj]
Konserven (pl)	konserves (f)	[kɔn'sæɐ̯vəs]
Kopf Salat (m)	salat (f)	[sa'læ't]
Koriander (m)	koriander (f)	[kɒi'an'dʌ]
Korkenzieher (m)	proptrækker (f)	['pʁʌp,tʁakʌ]
Krümel (m)	krumme (f)	['kʁɔmə]
Krabbe (f)	krabbe (f)	['kʁabə]
Krebstiere (pl)	krebsdyr (i pl)	['kʁabs,dyɐ̯']
Kuchen (m)	kage (f)	['kæ:jə]
Kuchen (m)	pie (f)	['pɑ:j]
Löffel (m)	ske (f)	['ske']
Lachs (m)	laks (f)	['lɑks]
Languste (f)	languster (f)	[laŋ'gustʌ]
Leber (f)	lever (f)	['lew'ʌ]
lecker	lækker	['lɛkʌ]
Likör (m)	likør (f)	[li'kø'ɐ̯]
Limonade (f)	limonade (f)	[limo'næ:ðə]
Linse (f)	linse (f)	['lensə]
Lorbeerblatt (n)	laurbærblad (i)	['lawʌbæɐ̯,blað]
Mais (m)	majs (f)	['maj's]
Mais (m)	majs (f)	['maj's]
Maisflocken (pl)	cornflakes (pl)	['koɐ̯n,flɛks]
Makrele (f)	makrel (f)	[ma'kʁal']
Mandarine (f)	mandarin (f)	[mandɑ'ʁi'n]
Mandel (f)	mandel (f)	['man'əl]
Mango (f)	mango (f)	['maŋgo]
Margarine (f)	margarine (f)	[magɑ'ʁi:nə]
mariniert	syltet	['syltəð]
Marmelade (f)	syltetøj (i)	['syltə,tʌj]
Marmelade (f)	marmelade (f)	[mamə'læ:ðə]
Mayonnaise (f)	mayonnaise (f)	[majo'nɛ:s]
Meeresfrüchte (pl)	fisk og skaldyr	[fesk 'ɒw 'skaldyɐ̯']
Meerrettich (m)	peberrod (f)	['pewʌ,ʁo'ð]
Mehl (n)	mel (i)	['me'l]
Melone (f)	melon (f)	[me'lo'n]
Messer (n)	kniv (f)	['kniw']
Milch (f)	mælk (f)	['mɛl'k]
Milchcocktail (m)	milkshake (f)	['milk,ɕɛjk]
Milchkaffee (m)	kaffe (f) med mælk	['kɑfə mɛ 'mɛl'k]
Mineralwasser (n)	mineralvand (i)	[minə'ʁal,van']
mit Eis	med is	[mɛ 'i's]
mit Gas	med brus	[mɛ 'bʁu's]
mit Kohlensäure	med kulsyre	[mɛ 'bʁu's]
Mittagessen (n)	frokost (f)	['fʁɔkʌst]
Moosbeere (f)	tranebær (i)	['tʁa:nə,bæɐ̯]
Morchel (f)	morkel (f)	['mɒ:kəl]
Nachtisch (m)	dessert (f)	[de'sɛɐ̯'t]
Nelke (f)	nellike (f)	['nel'əkə]
Nudeln (pl)	nudler (f pl)	['nuð'lʌ]

Oliven (pl)	**oliven** (f pl)	[o'li'vən]
Olivenöl (n)	**olivenolie** (f)	[o'li'vən,oljə]
Omelett (n)	**omelet** (f)	[omə'lɛt]
Orangensaft (m)	**appelsinjuice** (f)	[apəl'si'n 'dʒu:s]
Papaya (f)	**papaja** (f)	[pa'paja]
Paprika (m)	**peber** (i, f)	['pewʌ]
Paprika (m)	**paprika** (f)	['papʁika]
Pastete (f)	**pate, paté** (f)	[pa'te]
Petersilie (f)	**persille** (f)	[pæɡ'selə]
Pfifferling (m)	**kantarel** (f)	[kanta'ʁal']
Pfirsich (m)	**fersken** (f)	['fæɡskən]
Pflanzenöl (n)	**vegetabilsk olie** (f)	[vegəta'bi'lsk 'oljə]
Pflaume (f)	**blomme** (f)	['blʌmə]
Pilz (m)	**svamp** (f)	['svam'p]
Pistazien (pl)	**pistacier** (f pl)	[pi'stæːɕʌ]
Pizza (f)	**pizza** (f)	['pidsa]
Portion (f)	**portion** (f)	[po'ɕo'n]
Preiselbeere (f)	**tyttebær** (i)	['tytə,bæɡ]
Protein (n)	**proteiner** (i pl)	[pʁote'i'nʌ]
Pudding (m)	**budding** (f)	['buðeŋ]
Pulverkaffee (m)	**pulverkaffe** (f)	['pɔlvʌ,kafə]
Pute (f)	**kalkun** (f)	[kal'ku'n]
Räucherschinken (m)	**skinke** (f)	['skeŋkə]
Rübe (f)	**majroe** (f)	['maj,ʁoːə]
Radieschen (n)	**radiser** (f pl)	[ʁa'disə]
Rechnung (f)	**regning** (f)	['ʁajneŋ]
Reis (m)	**ris** (f)	['ʁi's]
Rezept (n)	**opskrift** (f)	['ʌp,skʁɛft]
Rindfleisch (n)	**oksekød** (i)	['ʌksə,køð]
Roggen (m)	**rug** (f)	['ʁu']
Rosenkohl (m)	**rosenkål** (f)	['ʁoːsən,kɔ'l]
Rosinen (pl)	**rosin** (f)	[ʁo'si'n]
Rote Bete (f)	**rødbede** (f)	[ʁœð'beːðə]
rote Johannisbeere (f)	**ribs** (i, f)	['ʁɛbs]
roter Pfeffer (m)	**rød peber** (i, f)	['ʁœð 'pewʌ]
Rotkappe (f)	**skælstokket rørhat** (f)	['skɛl,stʌkəð 'ʁœ'ɡhat]
Rotwein (m)	**rødvin** (f)	['ʁœð,vi'n]
Rum (m)	**rom** (f)	['ʁʌm']
süß	**sød**	['søð']
Süßkirsche (f)	**morel** (f)	[mo'ʁal']
Safran (m)	**safran** (i, f)	[sa'fʁa'n]
Saft (m)	**juice** (f)	['dʒu:s]
Sahne (f)	**fløde** (f)	['fløːðə]
Salat (m)	**salat** (f)	[sa'læ't]
Salz (n)	**salt** (i)	['sal't]
salzig	**saltet**	['saltəð]
Sardine (f)	**sardin** (f)	[sa'di'n]
Sauerkirsche (f)	**kirsebær** (i)	['kiɡsə,bæɡ]
saure Sahne (f)	**cremefraiche, syrnet fløde** (f)	[kʁɛːm'fʁɛːɕ], ['syɡnəð 'fløːðə]
Schale (f)	**skal, skræl** (f)	['skal'], ['skʁal']
Scheibchen (n)	**skive** (f)	['ski:və]

Schinken (m)	skinke (f)	['skeŋkə]
Schinkenspeck (m)	bacon (i, f)	['bɛjkʌn]
Schokolade (f)	chokolade (f)	[ɕoko'læ:ðə]
Schokoladen-	chokolade-	[ɕoko'læ:ðə-]
Scholle (f)	rødspætte (f)	['ʁœð,spɛtə]
schwarze Johannisbeere (f)	solbær (i)	['so:l,bæʁ]
schwarzer Kaffee (m)	sort kaffe (f)	['soʁt 'kɑfə]
schwarzer Pfeffer (m)	sort peber (i, f)	['soʁt 'pewʌ]
schwarzer Tee (m)	sort te (f)	['soʁt ˌte']
Schweinefleisch (n)	flæsk (i)	['flɛsk]
Sellerie (m)	selleri (f)	['selʌˌʁi']
Senf (m)	sennep (f)	['senʌp]
Sesam (m)	sesam (f)	['se:sɑm]
Soße (f)	sovs, sauce (f)	['sɒw's]
Sojabohne (f)	soja (f)	['sʌja]
Sonnenblumenöl (n)	solsikkeolie (f)	['so:l,sekə ,oljə]
Spaghetti (pl)	spaghetti (f)	[spa'gɛti]
Spargel (m)	asparges (f)	[a'spɑ's]
Speisekarte (f)	menu (f)	[me'ny]
Spiegelei (n)	spejlæg (i)	['spɑjl,ɛ'g]
Spinat (m)	spinat (f)	[spi'næ't]
Spirituosen (pl)	alkoholiske drikke (f pl)	[alko'ho'liskə 'dʁɛkə]
Störfleisch (n)	stør (f)	['stø'g]
Stück (n)	stykke (i)	['støkə]
Stachelbeere (f)	stikkelsbær (i)	['stekəls,bæg]
Steinpilz (m)	karljohan-rørhat (f)	[ˌkɑ:ljo'han 'ʁœ'ghat]
still	uden brus	['uðən 'bʁu's]
Suppe (f)	suppe (f)	['sɔpə]
Täubling (m)	skørhat (f)	['skøg,hat]
Tasse (f)	kop (f)	['kʌp]
Tee (m)	te (f)	['te']
Teelöffel (m)	teske (f)	['te',ske']
Teigwaren (pl)	pasta (f)	['pasta]
Teller (m)	tallerken (f)	[ta'læg̊kən]
tiefgekühlt	frossen	['fʁɔsən]
Tomate (f)	tomat (f)	[to'mæ't]
Tomatensaft (m)	tomatjuice (f)	[to'mæ:t,dʒu:s]
Torte (f)	lagkage (f)	['lɑw,kæ:jə]
Trinkgeld (n)	drikkepenge (pl)	['dʁɛkə,pɛŋə]
Trinkwasser (n)	drikkevand (i)	['dʁɛkə,van']
Tunfisch (m)	tunfisk (f)	['tu:n,fesk]
Untertasse (f)	underkop (f)	['ɔnʌ,kʌp]
Vegetarier (m)	vegetar, vegetarianer (f)	[vegə'ta'], [vegətai'æ'nʌ]
vegetarisch	vegetarisk	[vegə'ta'isk]
Vitamin (n)	vitamin (i)	[vita'mi'n]
Vorspeise (f)	forret (f)	['fɔ:ʁat]
Würstchen (n)	wienerpølse (f)	['vi'nʌ,pølsə]
Waffeln (pl)	vaffel (f)	['vafəl]
Walderdbeere (f)	skovjordbær (i)	['skɒw 'jog,bæg]
Walnuss (f)	valnød (f)	['val,nøð']
Wasser (n)	vand (i)	['van']

Wasserglas (n)	**glas** (i)	['glas]
Wassermelone (f)	**vandmelon** (f)	['van me'lo'n]
weiße Bohne (f)	**bønne** (f)	['bœnə]
Weißwein (m)	**hvidvin** (f)	['við‚vi'n]
Wein (m)	**vin** (f)	['vi'n]
Weinglas (n)	**vinglas** (i)	['vi:n‚glas]
Weinkarte (f)	**vinkort** (i)	['vi:n‚kɒ:t]
Weintrauben (pl)	**drue** (f)	['dʁu:ə]
Weizen (m)	**hvede** (f)	['ve:ðə]
Wels (m)	**malle** (f)	['malə]
Wermut (m)	**vermouth** (f)	['væɐ̯mut]
Whisky (m)	**whisky** (f)	['wiski]
Wild (n)	**vildt** (i)	['vil't]
Wodka (m)	**vodka** (f)	['vʌdka]
Wurst (f)	**pølse** (f)	['pølsə]
Zahnstocher (m)	**tandstikker** (f)	['tan‚stekʌ]
Zander (m)	**sandart** (f)	['san‚ɑ't]
Zimt (m)	**kanel** (i, f)	[ka'ne'l]
Zitrone (f)	**citron** (f)	[si'tʁo'n]
Zucchini (f)	**squash, zucchini** (f)	['sgwʌɕ], [su'ki:ni]
Zucker (m)	**sukker** (i)	['sɔkʌ]
Zunge (f)	**tunge** (f)	['tɔŋə]
Zwiebel (f)	**løg** (i)	['lʌj']

Dänisch	Aussprache	Deutsch
ål (f)	['ɔ'l]	Aal (m)
æble (i)	['ɛ'blə]	Apfel (m)
æg (i pl)	['ɛ'g]	Eier (pl)
æg (i)	['ɛ'g]	Ei (n)
ærter (f pl)	['æɐ̯'tʌ]	Erbse (f)
øl (i)	['øl]	Bier (n)
ørred (f)	['œɐ̯ʌð]	Forelle (f)
østers (f)	['østʌs]	Auster (f)
aborre (f)	['ɑˌbɒːɒ]	Barsch (m)
abrikos (f)	[abɐi'ko's]	Aprikose (f)
aftensmad (f)	['aftənsˌmað]	Abendessen (n)
agurk (f)	[a'guɐ̯k]	Gurke (f)
aks (i)	['aks]	Ähre (f)
alkoholfri	['alkohʌlˌfɐi']	alkoholfrei
alkoholfri drik (f)	['alkohʌlˌfɐi' 'dɐɛk]	alkoholfreies Getränk (n)
alkoholiske drikke (f pl)	[alko'ho'liskə 'dɐɛkə]	Spirituosen (pl)
ananas (f)	['ananas]	Ananas (f)
and (f)	['an']	Ente (f)
anis (f)	['anis]	Anis (m)
aperitif (f)	[apeɐ̯i'tif]	Aperitif (m)
appelsin (f)	[apəl'si'n]	Apfelsine (f)
appelsinjuice (f)	[apəl'si'n 'dʒu:s]	Orangensaft (m)
appetit (f)	[apə'tit]	Appetit (m)
artiskok (f)	[ˌɑːti'skʌk]	Artischocke (f)
asparges (f)	[a'spɑ's]	Spargel (m)
atlantisk laks (f)	[at'lan'tisk 'lɑks]	atlantische Lachs (m)
aubergine (f)	[obæɐ̯'ɕi:n]	Aubergine (f)
avokado (f)	[avo'kæ:do]	Avocado (f)
bær (i pl)	['bæɐ̯]	Beeren (pl)
bær (i)	['bæɐ̯]	Beere (f)
bøf (f)	['bøf]	Beefsteak (n)
bønne (f)	['bœnə]	weiße Bohne (f)
bønner (f pl)	['bœnʌ]	Bohnen (pl)
bacon (i, f)	['bɛjkʌn]	Schinkenspeck (m)
banan (f)	[ba'næ'n]	Banane (f)
bar (f)	['bɑ']	Bar (f)
bartender (f)	['bɑːˌtɛndʌ]	Barmixer (m)
basilikum (f)	[ba'sil'ikɔm]	Basilikum (n)
bismag (f)	['bismæ'j]	Beigeschmack (m)
bitter	['betʌ]	bitter
blåbær (i)	['blɔ'ˌbæɐ̯]	Heidelbeere (f)
blæksprutte (f)	['blɛkˌspɐutə]	Kalmar (m)
blomkål (f)	['blʌmˌkɔ'l]	Blumenkohl (m)
blomme (f)	['blʌmə]	Eigelb (n)

blomme (f)	['blʌmə]	Pflaume (f)
boghvede (f)	['bɔw‚ve:ðə]	Buchweizen (m)
bouillon (f)	[bul'jʌn]	Brühe (f), Bouillon (f)
brød (i)	['bʁœð']	Brot (n)
brasen (f)	['bʁɑ'sən]	Brachse (f)
broccoli (f)	['bʁʌkoli]	Brokkoli (m)
brombær (i)	['bʁɔm‚bæɐ̯]	Brombeere (f)
budding (f)	['buðeŋ]	Pudding (m)
byg (f)	['byg]	Gerste (f)
cappuccino (f)	[kɑpu'tji:no]	Cappuccino (m)
champagne (f)	[ɕɑm'panjə]	Champagner (m)
chokolade (f)	[ɕoko'læ:ðə]	Schokolade (f)
chokolade-	[ɕoko'læ:ðə-]	Schokoladen-
citron (f)	[si'tʁo'n]	Zitrone (f)
cocktail (f)	['kʌk‚tɛjl]	Cocktail (m)
cognac, konjak (f)	['kʌn'jɑg]	Kognak (m)
cornflakes (pl)	['koɐ̯n‚flɛks]	Maisflocken (pl)
creme (f)	['kʁɛ'm]	Buttercreme (f)
cremefraiche,	[kʁɛ:m'fʁɛ:ɕ],	saure Sahne (f)
syrnet fløde (f)	['syɐ̯nəð 'flø:ðə]	
dåseåbner (f)	['dɔ:sə‚ɔ:bnʌ]	Dosenöffner (m)
daddel (f)	['daðʔəl]	Dattel (f)
dessert (f)	[de'sɛɐ̯'t]	Nachtisch (m)
diæt (f)	[di'ɛ't]	Diät (f)
dild (f)	['dilʔ]	Dill (m)
drikkepenge (pl)	['dʁɛkə‚pɛŋə]	Trinkgeld (n)
drikkevand (i)	['dʁɛkə‚vanʔ]	Trinkwasser (n)
drue (f)	['dʁu:ə]	Weintrauben (pl)
eddike (f)	['ɛðikə]	Essig (m)
fedt (i)	['fet]	Fett (n)
fersken (f)	['fæɐ̯skən]	Pfirsich (m)
figen (f)	['fi:ən]	Feige (f)
fisk (f)	['fesk]	Fisch (m)
fisk og skaldyr	[fesk 'ɒw 'skaldyɐ̯]	Meeresfrüchte (pl)
flæsk (i)	['flɛsk]	Schweinefleisch (n)
fløde (f)	['flø:ðə]	Sahne (f)
fluesvamp (f)	['flu:ə‚svɑmʔp]	Fliegenpilz (m)
forret (f)	['fo:ʁat]	Vorspeise (f)
friskpresset juice (f)	['fʁɛsk‚pʁasəð 'dʒu:s]	frisch gepresster Saft (m)
frokost (f)	['fʁʌkʌst]	Mittagessen (n)
frossen	['fʁɔsən]	tiefgekühlt
frugt (f)	['fʁɔgt]	Frucht (f)
frugter (f pl)	['fʁɔgtʌ]	Früchte (pl)
fyld (i, f)	['fylʔ]	Füllung (f)
gås (f)	['gɔ's]	Gans (f)
gaffel (f)	['gɑfəl]	Gabel (f)
galde rørhat (f)	['galə ‚ʁœʔɣhat]	Birkenpilz (m)
gedde (f)	['geðə]	Hecht (m)
giftig svamp (f)	['gifti svɑmʔp]	Giftpilz (m)
gin (f)	['djen]	Gin (m)
glas (i)	['glas]	Wasserglas (n)
græskar (i)	['gʁaskɑ]	Kürbis (m)

grød (f)	['gʁœð']	Brei (m)
grøn fluesvamp (f)	['gʁœn 'fluːˌeˌsvɑmˀp]	Grüner Knollenblätterpilz (m)
grøn te (f)	['gʁœnˀ ˌteˀ]	grüner Tee (m)
grønt (i)	['gʁœnˀt]	grünes Gemüse (pl)
grøntsager (pl)	['gʁœntˌsæˀjʌ]	Gemüse (n)
granatæble (i)	[gʁɑ'næˀtˌɛːblə]	Granatapfel (m)
grapefrugt (f)	['gʁɛjpˌfʁɔgt]	Grapefruit (f)
gryn (i)	['gʁyˀn]	Grütze (f)
gulerod (f)	['guleˌʁoˀð]	Karotte (f)
høne (f)	['høːnə]	Hühnerfleisch (n)
haj (f)	['hɑjˀ]	Hai (m)
hamburger (f)	['hæːmˌbœːgʌ]	Hamburger (m)
hasselnød (f)	['hɑsəlˌnøð']	Haselnuss (f)
havre (f)	['hɑwʁʌ]	Hafer (m)
hed, varm	['heðˀ], ['vɑˀm]	heiß
helleflynder (f)	['hɛləˌflønʌ]	Heilbutt (m)
hindbær (i)	['henˌbæɐ]	Himbeere (f)
hirse (f)	['hiɐsə]	Hirse (f)
honning (f)	['hʌneŋ]	Honig (m)
hvede (f)	['veːðə]	Weizen (m)
hvide (f)	['viːðə]	Eiweiß (n)
hvidløg (i)	['viðˌlʌjˀ]	Knoblauch (m)
hvidvin (f)	['viðˌviˀn]	Weißwein (m)
ingefær (f)	['eŋəˌfæɐ]	Ingwer (m)
is (f)	['iˀs]	Eis (n)
is (f)	['iˀs]	Eis (n)
jordbær (i)	['joɐˌbæɐ]	Erdbeere (f)
jordnød (f)	['joɐˌnøðˀ]	Erdnuss (f)
juice (f)	['dʒuːs]	Saft (m)
kål (f)	['kɔˀl]	Kohl (m)
kød (i)	['køð]	Fleisch (n)
kødfars (f)	['køðˌfɑˀs]	Hackfleisch (n)
køkken (i)	['køkən]	Küche (f)
kaffe (f)	['kɑfə]	Kaffee (m)
kaffe (f) **med mælk**	['kɑfə mɛ 'mɛlˀk]	Milchkaffee (m)
kage (f)	['kæːjə]	Kuchen (m)
kalkun (f)	[kal'kuˀn]	Pute (f)
kalorie (f)	[ka'loɐˀjə]	Kalorie (f)
kalvekød (i)	['kalvəˌkøð]	Kalbfleisch (n)
kanel (i, f)	[ka'neˀl]	Zimt (m)
kanin (f)	[ka'niˀn]	Kaninchenfleisch (n)
kantarel (f)	[kantɑ'ʁalˀ]	Pfifferling (m)
karljohan-rørhat (f)	[ˌkɑːljo'han 'ʁœˀɣhat]	Steinpilz (m)
karpe (f)	['kɑːpə]	Karpfen (m)
kartoffel (f)	[kɑ'tʌfəl]	Kartoffel (f)
kartoffelmos (f)	[kɑ'tʌfəlˌmɔs]	Kartoffelpüree (n)
kaviar (f)	['kaviˌɑˀ]	Kaviar (m)
kirsebær (i)	['kiɐsəˌbæɐ]	Sauerkirsche (f)
kiwi (f)	['kiːvi]	Kiwi, Kiwifrucht (f)
kniv (f)	['kniwˀ]	Messer (n)
kogt	['kʌgt]	gekocht

kokosnød (f)	[ˈkoːkosˌnøð']	Kokosnuss (f)
kold	[ˈkʌl']	kalt
kommen (f)	[ˈkʌmən]	Kümmel (m)
kondenseret mælk (f)	[kʌndən'se'ʌð mɛl'k]	Kondensmilch (f)
konditorvarer (f pl)	[kʌn'ditʌˌvɑːɑ]	Konditorwaren (pl)
konfekt, karamel (f)	[kɔn'fɛkt], [kɑɑ'mɛl']	Bonbon (m, n)
konserves (f)	[kɔn'sæɡvəs]	Konserven (pl)
kop (f)	[ˈkʌp]	Tasse (f)
koriander (f)	[kɒi'an'dʌ]	Koriander (m)
korn (i)	[ˈkoɡ'n]	Getreide (n)
kornsorter (f pl)	[ˈkoɡnˌsɒːtʌ]	Getreidepflanzen (pl)
krabbe (f)	[ˈkʁɑbə]	Krabbe (f)
krebsdyr (i pl)	[ˈkʁabsˌdyɡ']	Krebstiere (pl)
krumme (f)	[ˈkʁɔmə]	Krümel (m)
krydderi (i)	[kʁyðʌ'ʁi']	Gewürz (n)
krydderi (i)	[kʁyðʌ'ʁi']	Gewürz (n)
kulhydrater (i pl)	[ˈkɔlhyˌdʁɑ'dʌ]	Kohlenhydrat (n)
lækker	[ˈlɛkʌ]	lecker
læskedrik (f)	[ˈlɛskəˌdʁɛk]	Erfrischungsgetränk (n)
løg (i)	[ˈlʌj']	Zwiebel (f)
lagkage (f)	[ˈlɑwˌkæːjə]	Torte (f)
laks (f)	[ˈlɑks]	Lachs (m)
lammekød (i)	[ˈlɑməˌkøð]	Hammelfleisch (n)
languster (f)	[lɑŋ'gustʌ]	Languste (f)
laurbærblad (i)	[ˈlɑwʌbæɡˌblɑð]	Lorbeerblatt (n)
lever (f)	[ˈlew'ʌ]	Leber (f)
likør (f)	[li'køˈɡ]	Likör (m)
limonade (f)	[limo'næːðə]	Limonade (f)
linse (f)	[ˈlensə]	Linse (f)
lyst øl (i)	[ˈlyst ˌøl]	Helles (n)
mælk (f)	[ˈmɛl'k]	Milch (f)
mørkt øl (i)	[ˈmœɡkt ˌøl]	Dunkelbier (n)
mad (f)	[ˈmɑð]	Essen (n)
majroe (f)	[ˈmɑjˌʁoːə]	Rübe (f)
majs (f)	[ˈmɑj's]	Mais (m)
majs (f)	[ˈmɑj's]	Mais (m)
makrel (f)	[mɑ'kʁal']	Makrele (f)
malle (f)	[ˈmɑlə]	Wels (m)
mandarin (f)	[mɑndɑ'ʁi'n]	Mandarine (f)
mandel (f)	[ˈman'əl]	Mandel (f)
mango (f)	[ˈmɑŋgo]	Mango (f)
margarine (f)	[mɑgɑ'ʁiːnə]	Margarine (f)
marmelade (f)	[mɑmə'læːðə]	Marmelade (f)
mayonnaise (f)	[mɑjo'nɛːs]	Mayonnaise (f)
med brus	[mɛ 'bʁu's]	mit Gas
med is	[mɛ 'i's]	mit Eis
med kulsyre	[mɛ 'bʁu's]	mit Kohlensäure
mel (i)	[ˈme'l]	Mehl (n)
melon (f)	[me'lo'n]	Melone (f)
menu (f)	[me'ny]	Speisekarte (f)
milkshake (f)	[ˈmilkˌɕɛjk]	Milchcocktail (m)
mineralvand (i)	[minə'ʁalˌvan']	Mineralwasser (n)

morel (f)	[moˈʁalˀ]	Süßkirsche (f)
morgenmad (f)	[ˈmɒːɒnˌmaˀ]	Frühstück (n)
morkel (f)	[ˈmɒːkəl]	Morchel (f)
nellike (f)	[ˈnelˀekə]	Nelke (f)
nudler (f pl)	[ˈnuðˀlʌ]	Nudeln (pl)
oksekød (i)	[ˈʌksəˌkøðˀ]	Rindfleisch (n)
oliven (f pl)	[oˈliˀvən]	Oliven (pl)
olivenolie (f)	[oˈliˀvənˌoljə]	Olivenöl (n)
omelet (f)	[oməˈlɛt]	Omelett (n)
oplukker (f)	[ˈʌpˌlɔkʌ]	Flaschenöffner (m)
opskrift (f)	[ˈʌpˌskʁɛft]	Rezept (n)
ost (f)	[ˈɔst]	Käse (m)
pære (f)	[ˈpɛˀʌ]	Birne (f)
pølse (f)	[ˈpølsə]	Wurst (f)
papaja (f)	[paˈpɑja]	Papaya (f)
paprika (f)	[ˈpɑpʁika]	Paprika (m)
pasta (f)	[ˈpasta]	Teigwaren (pl)
pate, paté (f)	[paˈte]	Pastete (f)
peber (i, f)	[ˈpewʌ]	Paprika (m)
peberrod (f)	[ˈpewʌˌʁoˀð]	Meerrettich (m)
persille (f)	[pæɡˈselə]	Petersilie (f)
pie (f)	[ˈpɑːj]	Kuchen (m)
pistacier (f pl)	[piˈstæːɕʌ]	Pistazien (pl)
pizza (f)	[ˈpidsa]	Pizza (f)
portion (f)	[pɒˈɕoˀn]	Portion (f)
proptrækker (f)	[ˈpʁʌpˌtʁakʌ]	Korkenzieher (m)
proteiner (i pl)	[pʁotəˈiˀnʌ]	Protein (n)
pulverkaffe (f)	[ˈpɔlvʌˌkɑfə]	Pulverkaffee (m)
rød peber (i, f)	[ˈʁœð ˈpewʌ]	roter Pfeffer (m)
rødbede (f)	[ʁœðˈbeːðə]	Rote Bete (f)
rødspætte (f)	[ˈʁœðˌspɛtə]	Scholle (f)
rødvin (f)	[ˈʁœðˌviˀn]	Rotwein (m)
røget	[ˈʁʌjəð]	geräuchert
radiser (f pl)	[ʁɑˈdisə]	Radieschen (n)
regning (f)	[ˈʁɑjneŋ]	Rechnung (f)
reje (f)	[ˈʁɑjə]	Garnele (f)
ret (f)	[ˈʁat]	Gericht (n)
ribs (i, f)	[ˈʁɛbs]	rote Johannisbeere (f)
ris (f)	[ˈʁiˀs]	Reis (m)
rom (f)	[ˈʁʌmˀ]	Rum (m)
rosenkål (f)	[ˈʁoːsənˌkɔˀl]	Rosenkohl (m)
rosin (f)	[ʁoˈsiˀn]	Rosinen (pl)
rug (f)	[ˈʁuˀ]	Roggen (m)
sød	[ˈsøðˀ]	süß
safran (i, f)	[saˈfʁɑˀn]	Safran (m)
salat (i)	[saˈlæˀt]	Kopf Salat (m)
salat (f)	[saˈlæˀt]	Salat (m)
salt (i)	[ˈsalˀt]	Salz (n)
saltet	[ˈsaltəð]	salzig
sandart (f)	[ˈsanˌɑˀt]	Zander (m)
sardin (f)	[sɑˈdiˀn]	Sardine (f)
selleri (f)	[ˈselʌˌʁiˀ]	Sellerie (m)

sennep (f)	['senʌp]	Senf (m)
servitrice (f)	[sæɐ̯vi'tʁi:sə]	Kellnerin (f)
sesam (f)	['se:sɑm]	Sesam (m)
sild (f)	['silʔ]	Hering (m)
skælstokket rørhat (f)	['skɛlˌstʌkəð 'ʁœˀɐ̯hat]	Rotkappe (f)
skørhat (f)	['skøɐ̯ˌhat]	Täubling (m)
skal, skræl (f)	['skalʔ], ['skʁalʔ]	Schale (f)
ske (f)	['skeʔ]	Löffel (m)
skinke (f)	['skeŋkə]	Schinken (m)
skinke (f)	['skeŋkə]	Räucherschinken (m)
skive (f)	['ski:və]	Scheibchen (n)
skovjordbær (i)	['skɒw 'joɐ̯ˌbæɐ̯]	Walderdbeere (f)
småkager (f pl)	['smʌˌkæ:jʌ]	Keks (m, n)
smør (i)	['smœɐ̯]	Butter (f)
smørrebrød (i)	['smœɐ̯ʌˌbʁœð']	belegtes Brot (n)
smag (f)	['smæˀj]	Geschmack (m)
soja (f)	['sʌja]	Sojabohne (f)
solbær (i)	['so:lˌbæɐ̯]	schwarze Johannisbeere (f)
solsikkeolie (f)	['so:lˌsekə ˌoljə]	Sonnenblumenöl (n)
sort kaffe (f)	['soɐ̯t 'kafə]	schwarzer Kaffee (m)
sort peber (i, f)	['soɐ̯t 'pewʌ]	schwarzer Pfeffer (m)
sort te (f)	['soɐ̯t ˌteʔ]	schwarzer Tee (m)
sovs, sauce (f)	['sɒw'sʔ]	Soße (f)
spaghetti (i)	[spa'gɛti]	Spaghetti (pl)
spejlæg (i)	['spajlˌɛˀg]	Spiegelei (n)
spinat (f)	[spi'næˀt]	Spinat (m)
spiselig svamp (f)	['spi:səli 'svɑmˀp]	essbarer Pilz (m)
spiseske (f)	['spi:səˌskeʔ]	Esslöffel (m)
squash, zucchini (f)	['sgwʌɕ], [su'ki:ni]	Zucchini (f)
stør (i)	['støˀɐ̯]	Störfleisch (n)
stegt	['stɛgt]	gebraten
stikkelsbær (i)	['stekəlsˌbæɐ̯]	Stachelbeere (f)
stykke (i)	['støkə]	Stück (n)
sukker (i)	['sɔkʌ]	Zucker (m)
suppe (f)	['sɔpə]	Suppe (f)
svamp (f)	['svɑmˀp]	Pilz (m)
syltet	['syltəð]	mariniert
syltetøj (i)	['syltəˌtʌj]	Marmelade (f)
syltetøj (i)	['syltəˌtʌj]	Konfitüre (f)
tørret	['tɶɐ̯ʌð]	getrocknet
tallerken (f)	[ta'læɐ̯kən]	Teller (m)
tandstikker (f)	['tanˌstekʌ]	Zahnstocher (m)
te (f)	['teʔ]	Tee (m)
teske (f)	['teʔˌskeʔ]	Teelöffel (m)
tilbehør (i)	['telbeˌhøˀɐ̯]	Beilage (f)
tjener (f)	['tjɛ:nʌ]	Kellner (m)
tomat (f)	[to'mæˀt]	Tomate (f)
tomatjuice (f)	[to'mæ:tˌdʒu:s]	Tomatensaft (m)
torsk (f)	['tɒ:sk]	Dorsch (m)
tranebær (i)	['tʁɑ:nəˌbæɐ̯]	Moosbeere (f)
tunfisk (f)	['tu:nˌfesk]	Tunfisch (m)

tunge (f)	['tɔŋə]	Zunge (f)
tyggegummi (i)	['tygə‚gomi]	Kaugummi (m, n)
tyttebær (i)	['tytə‚bæɐ̯]	Preiselbeere (f)
uden brus	['uðən 'bʁu' s]	still
underkop (f)	['ɔnʌ‚kʌp]	Untertasse (f)
vaffel (f)	['vɑfəl]	Waffeln (pl)
valnød (f)	['val‚nøð']	Walnuss (f)
vand (i)	['van']	Wasser (n)
vandmelon (f)	['van me'lo'n]	Wassermelone (f)
vegetabilsk olie (f)	[vegəta'bi'lsk 'oljə]	Pflanzenöl (n)
vegetar, vegetarianer (f)	[vegə'tɑ'], [vegətɑi'æ'nʌ]	Vegetarier (m)
vegetarisk	[vegə'tɑ'isk]	vegetarisch
Velbekomme!	['vɛlbə'kʌm'ə]	Guten Appetit!
vermouth (f)	['væɐ̯mut]	Wermut (m)
vildt (i)	['vil't]	Wild (n)
vin (f)	['vi'n]	Wein (m)
vinglas (i)	['vi:n‚glas]	Weinglas (n)
vinkort (i)	['vi:n‚kɒ:t]	Weinkarte (f)
vitamin (i)	[vita'mi'n]	Vitamin (n)
vodka (f)	['vʌdka]	Wodka (m)
whisky (f)	['wiski]	Whisky (m)
wienerpølse (f)	['vi'nʌ‚pølsə]	Würstchen (n)
yoghurt (f)	['jo‚guɐ̯'t]	Joghurt (m, f)